La prière d'une épouse est efficace

ISBN 978-2-84700-061-0

Cet ouvrage est la traduction française du livre : *The Power of a Praying Wife*
Traduit de l'anglais par Dominique Ourlin

Sauf indication contraire, les textes bibliques sont tirés de la version Louis Segond révisée, dite « à la Colombe ».

La prière d'une épouse est efficace

Stormie Omartian

Editions Vida

Je dédie ce livre avec amour
à mon mari, Michael, qui m'a toujours donné
tellement plus que ce que je n'ai jamais osé
demander dans la prière.
Toi et moi, nous savons que la prière est efficace.

Remerciements

Mes remerciements vont tout particulièrement à :

- Ma secrétaire Susan Martinez, qui a supporté la pression des délais à respecter pour fournir un livre de plus.
Ton amour en tant que sœur, ta fidélité en tant qu'amie, et la richesse de notre partage dans la prière n'ont d'égal que ton efficacité et ta consécration ; tu es pour moi une assistante précieuse et irremplaçable.

- Mes partenaires de prière et amies, Sally Anderson, Susan Martinez, Donna Summer, Katie Stewart, Roz Thompson, et Jan Williamson. Elles ont appris avec moi ce que signifie prier de tout son cœur et de toute sa force pour nos maris. Sans votre consécration profonde et fidèle envers Dieu et dans la prière, ce livre n'aurait certainement jamais été écrit. Vous êtes un trésor éternel, précieux à mon cœur.

- À ma fille Mandy et à mon fils Chris, qui ont su aimer leur père et moi-même, alors que nous n'avons pas toujours été pour vous le meilleur modèle dans notre façon de gérer notre vie de couple. Je regrette chaque fois où nous nous sommes disputés devant vous, avant d'apprendre que la prière est plus efficace que les querelles.
Ma prière est que vous reteniez le bien que vous avez appris pour le vivre dans votre propre couple.

- À mon nouveau fils John David Kendrick, pour m'avoir permis de devenir ta maman sur terre depuis que ton père a rejoint ta mère dans le ciel. Tu nous as manqué pendant toutes ces années sans que nous le sachions, jusqu'au jour où tu es venu dans notre foyer.

- Aux pasteurs Jack et Anna Hayford, Dale et Joan Evrist pour nous avoir enseigné comment prier tout en nous donnant l'exemple de ce qu'un bon mariage doit être.

- À la famille des Éditeurs de *Harvest House*, Bob Hawkins Sr., Bob Hawkins Jr., Bill Jensen, Julie McKinney, Teresa Evenson, Betty Fletcher, et Larae Weikert pour votre enthousiasme pour ce livre et votre apport positif constant. Vous êtes tous tellement gentils. Et à Carolyn McCready, directrice de l'édition, pour m'avoir apporté tant de joie.
  Merci pour tes encouragements.

- À mon éditeur, Holly Halverson, pour ton œil attentif et ton esprit vif.

- À Tom et Patti Brussat, Michael et Terry Harriton, Jan et Dave Williamson, et Dave et Priscilla Navarro pour avoir partagé vos vies et vos expériences afin de me donner un bel exemple de l'impact que peut avoir une femme qui sait prier.

Préface

Quand je parle à des amis de nos années de mariage, je dis souvent en plaisantant : « Ce furent vingt-cinq merveilleuses années pour moi et vingt-cinq misérables années pour elle ! »

Après vingt-cinq ans de vie de couple avec Stormie, il ne reste aucune phase de ma personnalité si complexe qu'elle n'ait découverte. Elle m'a vu triompher, échouer, lutter, rempli de crainte ou déprimé, et douter de mes compétences en tant que mari, père et musicien. Elle m'a vu me mettre en colère avec Dieu parce qu'il ne sautait pas quand je lui en donnais l'ordre. Elle a vu des miracles, quand Dieu a racheté des cendres pour en faire de l'or.

Chacun de nos pas a été accompagné de ses prières dont ce livre relate l'expérience au fil des ans. Je ne peux pas imaginer ce que ma vie aurait été sans ses prières pour moi. Son intercession me rassure et me réconforte, en même temps qu'elle constitue la mission que Dieu nous a confiée de prier l'un pour l'autre et de porter ainsi nos fardeaux. Je ne vois pas comment une femme pourrait mieux aimer son mari qu'en l'élevant constamment vers Dieu dans la prière. C'est un don qui n'a pas de prix et qui l'aidera à vivre dans la bénédiction et la grâce de Dieu.

Stormie, je t'aime.

Ton mari, couvert par tes prières,
Michael

Qui trouvera une femme de valeur ? Son prix dépasse de beaucoup celui des perles.

Le cœur de son mari a confiance en elle, et le bénéfice ne manquera pas.

Elle lui fait du bien, et non du mal, tous les jours de sa vie.

Proverbes 31 : 10-12

Le pouvoir de la prière

Tout d'abord, je veux dire bien clairement que le pouvoir que peut exercer une femme par la prière ne signifie pas qu'elle parvient ainsi à contrôler son mari. Désolée si cela vous déçoit ! En fait, c'est tout le contraire. Cela signifie renoncer à tout pouvoir venant de soi-même et s'appuyer sur la seule puissance de Dieu pour tout transformer : vous, votre mari, vos circonstances et votre vie de couple. Cette puissance ne nous est pas donnée comme une épée que l'on pourrait brandir pour faire reculer quelque bête féroce. C'est une œuvre de restauration en douceur que l'on s'approprie en tant qu'épouse en priant pour exprimer notre profond désir de faire ce qu'impose la raison plutôt que d'avoir raison à tout prix ; c'est ainsi que nous pouvons communiquer la vie plutôt que les reproches. C'est une façon d'inviter la puissance de Dieu à agir dans la vie de votre mari pour qu'il soit encore plus béni, ce qui ne pourra que vous bénir à votre tour.

Quand mon mari Michael et moi venions de nous marier et que nos différences s'affirmèrent, la prière n'était certes pas notre première pensée. En fait, c'était plutôt notre dernière ressource. J'essayais d'abord toutes les méthodes en passant par la dispute, l'indifférence, le mépris, la fuite, la confrontation et, bien sûr, le traitement très populaire du silence, le tout avec des résultats loin d'être satisfaisants. Il m'a fallu quelque temps pour réaliser qu'en commençant par prier, je pouvais éviter ces approches somme toute plutôt désagréables.

Alors que vous lisez ce livre, Michael et moi sommes mariés depuis plus d'un quart de siècle. Cela n'est rien de moins que miraculeux. Ce n'est certainement pas un témoignage de notre grandeur, mais bien plutôt de la fidélité de Dieu en réponse à la prière. Je confesse que, même après toutes ces années, je suis encore en train d'apprendre cette leçon à la dure… S'il est vrai que je n'ai pas autant d'expérience dans le positif que j'en aie dans le négatif, je peux néanmoins affirmer sans réserve que la prière est efficace.

Malheureusement, je n'ai appris à prier pour mon mari qu'après avoir appris à prier pour nos enfants. Quand j'ai vu Dieu répondre profondément à la prière en leur faveur, je me suis enfin décidée à être aussi précise et fervente dans la prière pour lui. Mais je trouvais plus facile de prier pour mes enfants que pour mon mari.

Dès le jour de leur naissance, nous voulons pour nos enfants ce qu'il y a de mieux, et ce sans condition et sans restriction. Mais avec mon mari, je ne trouve pas que ce soit toujours si simple, surtout après plusieurs années de mariage. Un mari est capable de vous blesser, de manquer de considération, de délicatesse, et même être irritant, négligeant, voire abusif. Il peut faire ou dire des choses qui vous transpercent le cœur comme une écharde. Et chaque fois que vous commencez à prier pour lui, cette écharde suppure et vous infecte l'âme. Il est bien évident que vous ne pourrez prier comme Dieu le veut qu'après vous être débarrassée de cette écharde.

Malgré les apparences, prier pour votre mari n'est pas comme prier pour vos enfants, car vous n'êtes pas la mère de votre mari. Nous avons une autorité sur nos enfants que Dieu nous a confiée. Mais nous n'avons pas autorité sur nos maris. Cependant, Dieu nous a donné *« autorité sur la puissance de l'ennemi »* (Luc 10 : 19). Nous pouvons mettre à mal les projets de l'ennemi quand nous prions. Bien des choses difficiles dans la vie d'un couple font en fait partie du plan de l'ennemi à seule fin de détruire les couples. Mais nous pouvons affirmer :

« Je ne laisserai rien détruire mon mariage. »

« Je ne resterai pas là, passive, à voir mon mari se laisser abattre, se décourager et être détruit. »

« Je ne resterai pas là assise à ne rien faire pendant qu'un mur invisible s'élève entre nous. »

« Je ne permettrai pas à la confusion, à une mauvaise communication, à de mauvaises attitudes, et à de mauvais choix de détruire peu à peu ce que nous avons essayé de construire ensemble. »

« Je ne permettrai pas à nos blessures ou au manque de pardon de nous pousser jusqu'au divorce. »

Nous pouvons prendre position contre toute influence négative dans notre relation de couple et savoir que Dieu nous a donné autorité en son nom pour résister.

Vous avez les moyens de dresser une haie de protection autour de votre mariage parce que Jésus a dit : *« Tout ce que vous lierez sur la terre sera lié dans le ciel, et tout ce que vous délierez sur la terre sera délié dans le ciel »* (Matthieu 18 : 18).

Vous avez autorité au nom de Jésus pour *arrêter le mal* et *ouvrir la porte* au bien. Vous pouvez soumettre à Dieu dans la prière tout ce qui contrôle votre mari : alcoolisme, esclavage du travail, paresse, dépression, maladie, tendances abusives, anxiété, crainte, ou échec… et prier afin qu'il en soit délivré.

Avant de tourner le dos au mariage…

Je vous avoue qu'il fut un temps où je pensais sérieusement à la séparation ou au divorce. Je le dis avec peine car je ne crois pas que ce soient là les meilleures options pour un couple en difficulté. J'accepte la position divine par rapport au divorce. Dieu dit que le divorce est injuste et que cela l'attriste. La dernière des choses que je veux faire, c'est bien d'attrister Dieu ! Mais je sais ce que c'est que d'être désespérée au point d'être paralysée quant il s'agit de prendre des décisions. J'ai connu des temps d'un désespoir tel que l'on capitule et renonce à vouloir faire ce qui est juste. Je comprends la torture qu'inflige la solitude dans laquelle on voudrait tellement trouver quelqu'un qui puisse sonder ce qui se passe dans votre âme et vous voir telle que vous êtes.

J'ai éprouvé cette douleur qui est si intense que la peur d'en mourir vous pousse à vous réfugier dans la seule issue qui semble possible pour survivre : échapper à la source de votre agonie. Je sais ce que c'est que de nourrir des idées noires, nourries par le désespoir, faute d'entrevoir le moindre avenir. J'ai connu une accumulation d'émotions négatives au quotidien qui était telle que la seule pensée de la séparation et du divorce semblait me promettre répit et soulagement.

Le plus grand problème auquel j'ai dû faire face dans notre mariage furent les sautes d'humeur de mon mari. Mes enfants et moi étions les seuls objets de ses accès de colère. Il employait alors des mots qui devenaient des armes qui nous meurtrissaient ou nous paralysaient. Je ne dis pas que j'étais irréprochable – c'était tout le contraire. Je suis même sûre que j'étais autant à blâmer que lui, mais je ne savais que faire. J'ai alors supplié Dieu régulièrement de rendre mon mari plus sensible, moins coléreux, plus agréable, moins irritable. Mais peu de choses changèrent. Dieu ne m'écoutait-il pas ? Ou prenait-il surtout le parti du mari au détriment de la femme ? C'était en tout cas mon impression.

Après bien des années et peu de changement, j'ai un jour imploré Dieu dans le plus grand désespoir : « Seigneur, lui dis-je, je ne peux plus vivre comme cela. Je sais ce que tu as écrit sur le divorce, mais je ne peux plus vivre sous le même toit que lui. Aide-moi, Seigneur ! » Je me suis alors assise au bord de mon lit, ma Bible à la main, luttant des heures durant contre le désir tenace de prendre les enfants et de quitter la maison. Je crois que c'est parce que je me suis approchée de Dieu en toute honnêteté quant à mes sentiments qu'il m'a alors permis de voir avec beaucoup de lucidité ce que serait ma vie si je partais : où allions-nous vivre ? Qui pourvoirait à mes besoins et à ceux des enfants ? Où seraient mes amies ? Et pire que tout, comment un tel héritage allait-il affecter mon fils et ma fille ? Je vis alors le tableau le plus triste et le plus horrible que l'on puisse imaginer. Si je partais, je trouverais certes un peu de quiétude, mais au prix de tout ce qui m'était cher. Je savais que ce n'était pas là le plan de Dieu pour nous.

Alors que j'étais là, assise, Dieu me dit au fond de mon cœur que si je déposais volontairement toute ma vie devant son trône, abandonnant ainsi le désir de partir et comptant sur lui pour pourvoir à mes besoins, il m'apprendrait à répandre ma vie en prière pour Michael. Il me montrerait comment intercéder pour lui en le voyant comme un fils de Dieu. Ce faisant, Dieu ressusciterait notre mariage et répandrait sa bénédiction sur nous deux. Si nous traversions cette phase de nos vies, nous serions alors tellement mieux ensemble que si nous nous étions séparés. Dieu me montra alors que Michael était comme pris dans la toile d'araignée de son passé, ce qui le rendait incapable d'être différent ; le Seigneur me montra qu'il voulait faire de moi un instrument de sa délivrance si j'y consentais. J'ai eu du mal à accepter et j'ai alors beaucoup pleuré. Mais après avoir cédé, j'ai repris espoir pour la première fois depuis des années.

Je me suis alors mise à prier chaque jour pour Michael comme je ne l'avais jamais fait auparavant. Mais chaque fois, cela m'amenait à confesser ma propre dureté de cœur. J'ai alors réalisé combien j'étais blessée profondément et à quel point je n'étais pas prête à le pardonner. Je me disais : « Je ne veux pas prier pour lui. Je ne veux pas demander à Dieu de le bénir. Je veux seulement que Dieu le foudroie dans son cœur et lui fasse sentir combien il a été cruel envers moi. » J'ai ainsi été amenée à redire constamment : « Seigneur, je confesse mon manque de pardon envers mon mari. Délivre-moi entièrement de cette attitude. »

Peu à peu, j'ai commencé à voir des changements en lui comme en moi. Quand Michael se mettait en colère, au lieu de réagir négativement, je priais pour lui. Je demandais à Dieu de me montrer ce qui le mettait dans un tel état, et il me le montrait. Je lui demandais de me montrer ce que je pouvais faire pour améliorer la situation, et il me le montrait. Les accès de colère de mon mari devinrent moins fréquents et il se calmait plus rapidement. Chaque jour, la prière construisait un climat plus positif. Nous ne sommes pas encore arrivés à la perfection, mais nous avons fait un bon bout de chemin. Cela n'a pas été toujours facile, mais je suis convaincue que la façon dont Dieu agit vaut bien tous les efforts nécessaires pour y parvenir. C'est la seule façon de sauver son couple.

Les prières d'une épouse pour son mari ont un impact bien plus grand sur lui que celles de qui que ce soit d'autre, y compris les prières de sa propre mère. (Désolée, Belle-Maman !) Les prières d'une mère pour son enfant sont certainement efficaces. Mais quand un homme se marie, il quitte son père et sa mère pour ne former avec elle qu'une seule chair (Matthieu 19 : 5). Ils constituent une équipe, une unité soudée en esprit. La force d'un homme et d'une femme unis devant Dieu est bien plus grande que la somme de toutes les forces de chacun des deux individus. C'est parce que le Saint-Esprit les unit et rend leurs prières d'autant plus efficaces.

C'est pour cela aussi que tant de choses sont sur la balance quand nous ne prions pas. Imaginez que vous priiez pour le côté gauche de votre corps et non pour le côté droit. Si le côté droit n'est pas alimenté et protégé, il entraînera le gauche dans sa chute. Il en est de même de vous et de votre mari. Si vous priez pour vous-même et pas pour lui, vous ne trouverez jamais les bénédictions et les bienfaits auxquels vous aspirez. Ce qui lui arrive vous arrive et vous ne pouvez pas y échapper.

Cette unité nous donne un pouvoir que l'ennemi n'apprécie pas. C'est pour cela qu'il manigance toutes sortes de stratagèmes pour l'affaiblir. Il nous donne tout ce qui peut contribuer à nous faire chuter, que ce soit une piètre image de nous-même, l'orgueil, le besoin d'avoir toujours raison, une mauvaise communication, ou une inclination à vouloir satisfaire nos propres désirs égoïstes. Il vous dira des mensonges tels que : « Rien ne changera jamais. » « Tes échecs sont irrécupérables. » « Il n'y a aucun espoir de réconciliation. » « Tu serais plus heureuse avec quelqu'un d'autre. » Il vous dira tout ce que vous êtes prête à croire, parce qu'il sait que s'il peut arriver à vous le faire croire, il n'y aura aucun avenir pour votre couple. Si vous croyez suffisamment à ses mensonges, votre cœur finira par s'endurcir face à la vérité divine.

Dans tout mariage brisé, il y a au moins une des deux personnes qui a endurci son cœur à la voix de Dieu. Endurcir son cœur, c'est perdre la vision que Dieu a de notre situation. Quand nous sommes misérables dans notre vie de couple, il semble que toute issue soit préférable plutôt que de continuer d'endurer cette épreuve. Mais nous ne voyons pas tout le tableau. Nous ne voyons que l'état présent de la situation, et non pas ce que Dieu peut permettre qu'elle devienne. Mais quand nous prions, nos cœurs deviennent tendres envers Dieu et nous recevons sa vision des choses. Nous voyons alors qu'il y a encore de l'espoir. Nous croyons dès lors qu'il peut nous rendre ce qui nous a été volé, dévoré et dévasté en tant que couple. *« Je vous restituerai les années qu'a dévorées la sauterelle »* (Joël 2 : 25). Nous pouvons lui faire confiance pour nous libérer de la douleur, du désespoir, de l'endurcissement et du manque de pardon. Nous pouvons dès lors voir qu'il est capable de ressusciter l'amour et la vie là même où régnait la mort.

Imaginez la joie de Marie-Madeleine quand elle se rendit au tombeau de Jésus trois jours après qu'il ait été crucifié pour trouver qu'il avait été ressuscité par la puissance de Dieu ! Il n'y a pas de plus grande joie que de voir la vie triompher de la mort dans des situations tout à fait désespérées. La même puissance qui a ressuscité Jésus et capable de ramener à la vie ces domaines de votre vie de couple qui en ont besoin et de vivifier votre union. *« Et Dieu, qui a ressuscité le Seigneur, nous ressuscitera aussi par sa puissance »* (1 Corinthiens 6 : 14). Seule sa puissance en est capable. Mais cela n'arrive que lorsque notre cœur est tout entier tourné vers Dieu pour se répandre devant lui dans la prière, et que nous sommes prêts à grandir à travers les moments difficiles en nous attendant à l'amour de Dieu pour nous ramener à la vie. Il nous faut grandir alors que nous passons par la souffrance si nous voulons arriver à la joie.

Il *vous* appartient de décider si vous voulez réussir votre mariage, et ce au point de tout mettre en œuvre pour y parvenir dans des limites saines et raisonnables. À *vous* de croire que cette dimension de votre relation, qui a été rongée par la douleur, l'indifférence et l'égoïsme, peut être restaurée. À *vous* d'oser croire que ce qui vous a anéanti, que ce soit l'abus, le viol, la mort d'un enfant, l'infidélité, la pauvreté, le deuil, une maladie grave, ou un accident, peut être contraint de lâcher son emprise mortelle sur votre vie. À *vous* de décider que ce qui vous consume, vous et peut-être votre mari, que ce soit l'esclavage du travail, de l'alcool, de la drogue, ou la dépression, peut être détruit.

Il faut que *vous* sachiez que ce qui s'est glissé insidieusement et silencieusement dans votre relation au point que vous ne vous en êtes pas méfié jusqu'à ce que vous ayez été pris au piège peut être surmonté : une carrière qui est devenue une idole, vos rêves, vos enfants, ou vos désirs égoïstes.

Il vous faut absolument croire que Dieu est assez puissant pour accomplir cela et bien plus encore.

Si vous vous réveillez un matin avec un étranger dans votre lit qui n'est autre que votre mari, si vous vous sentez soudain envahie par une distance silencieuse qui vous prive de toute connexion affective, si vous vous sentez comme à sec, en panne d'amour et d'espoir, si votre relation vous semble avoir atteint les profondeurs de la douleur et de la colère, s'il vous semble que chaque jour vous éloigne un peu plus de tout espoir, si chaque parole que vous prononcez semble creuser davantage le fossé qui vous sépare au point qu'il paraît infranchissable, soyez sûre d'une chose : rien de tout cela ne fait partie de la volonté de Dieu pour votre couple. La volonté de Dieu est de briser toutes ces barrières et de vous sortir de ce gouffre. Il peut guérir vos blessures et renouveler l'amour dans vos cœurs. Rien ni personne d'autre que lui ne peut le faire.

Mais il vous faut vous lever et dire : « Seigneur, je prie pour que ce conflit s'achève et que ce lien de discorde soit rompu. Libère-nous de nos blessures et de l'armure par laquelle nous cherchons à nous protéger. Sors-nous du gouffre de l'amertume et du manque de pardon. Parle-nous afin que nos paroles reflètent ton amour, ta paix et ta réconciliation. Abats ce mur qui est entre nous et apprends-nous à le dépasser. Rends-nous capable de sortir de notre paralysie et amène-nous à la guérison et la plénitude que tu as en réserve pour nous. »

Ne faites pas une croix sur votre mariage. Demandez à Dieu de vous donner un nouveau mari. Il est capable de prendre celui que vous avez et d'en faire une nouvelle créature en Christ. Maris et femmes ne sont pas destinés à se disputer sans cesse, ni à vivre affectivement déconnectés, misérables, comme si leur union était condamnée à mort ou au divorce. La puissance de Dieu est de notre côté. Nous n'avons pas à laisser notre mariage à la merci du hasard. Nous pouvons lutter pour le sauver par la prière et ne pas abandonner, car tant que nous prions, il y a de l'espoir. Avec Dieu, rien n'est jamais aussi mort qu'il ne paraît. Pas même vos propres sentiments.

« Moi aussi, j'ai besoin de la prière ! »

Il est naturel d'entrer dans cette aventure de la prière en se demandant si le jour viendra où votre mari priera pour vous comme vous priez actuellement pour lui. Même si cela était certes merveilleux, ne comptez pas trop dessus. Vous ne devez pas prier pour votre mari dans votre propre intérêt mais dans un amour inconditionnel et dans un esprit de sacrifice.

Vous devez accepter cet engagement en sachant qu'il est fort possible, sinon très probable, qu'il ne priera jamais pour vous de cette façon. Dans certains cas, il ne priera peut-être pas du tout pour vous. Vous pouvez le lui demander, et prier qu'il prie pour vous, mais vous ne pouvez pas lui imposer de le faire. Ce n'est pas vous, mais Dieu seul qui doit pouvoir décider si votre mari doit prier pour vous ou non. Il vous appartient donc de le libérer de cette obligation. S'il ne prie pas pour vous, c'est lui qui est perdant plus que vous. Votre bonheur et votre épanouissement ne doivent pas dépendre de ses prières, mais bien plutôt de votre propre relation avec le Seigneur. Certes, les épouses ont, elles aussi, besoin de prière. Mais je suis convaincue que nous ne devrions dépendre des seules prières de nos maris. En fait, le fait d'attendre de votre mari qu'il soit votre partenaire de prière peut devenir une porte ouverte vers la déception et l'échec pour vous deux.

J'ai appris que la meilleure chose pour ma vie de couple est d'avoir d'autres femmes pour me soutenir chaque semaine comme partenaires de prière. En fait, j'en suis arrivée à la conviction que cela était vital pour tous les couples. Si vous pouvez trouver deux ou trois femmes fortes dans la foi et entièrement dignes de votre confiance, fixez-vous un rendez-vous de prière hebdomadaire. Cela changera votre vie. Cela ne signifie pas que vous devez leur confier tout ce qui concerne votre mari ni les détails de votre vie privée. Le but est de demander à Dieu de disposer votre cœur, de vous montrer comment être une bonne épouse, de porter vos fardeaux avec vous, et de demander à Dieu sa bénédiction sur la vie de votre mari.

Bien sûr, s'il y a un problème lourd de conséquences, et que vous puissiez avoir confiance en la discrétion de vos partenaires de prière, ne vous privez pas de le partager. J'ai vu bien des couples se séparer et divorcer parce qu'ils étaient trop fiers ou effrayés pour partager leurs problèmes avec quelqu'un qui aurait pu prier pour eux. Ces gens continuent de vivre comme si de rien n'était puis, du jour au lendemain, tout est fini. Précisez bien à vos amies que ce que vous partagez doit rester dans ce cercle et ne pas être divulgué, mais ne jetez pas l'éponge dans votre couple simplement parce que vous aurez hésité à partager ce besoin avec d'autres dans la prière. Si votre partenaire de prière ne sait pas garder un secret, trouvez quelqu'un d'autre qui sera plus sage, plus sensible, et plus mûr spirituellement.

Même si vous n'avez pas de partenaire de prière ni un mari qui prie pour vous, si vous priez avec ferveur, vous verrez des choses se passer. Avant même que vos prières ne soient exaucées, vous verrez Dieu vous bénir simplement parce que vous vous êtes confiée en lui par la prière. Parce que vous aurez passé du temps dans la présence de Dieu, une transformation durable commencera.

Une prière à la fois

Ne soyez pas découragée en pensant à tout ce que vous devriez demander à Dieu dans la prière pour votre mari. Tout ne doit pas se faire un jour, ni en une semaine, ni même en un mois. Que les suggestions contenues dans ce livre soient un guide que vous utiliserez sous la direction du Saint-Esprit. Quand il y a des moments difficiles ou des questions délicates pour lesquelles vous avez besoin d'une lumière spirituelle, le jeûne rendra vos prières d'autant plus efficaces.

Vous pouvez aussi prier pour votre mari en vous appropriant les promesses de l'Écriture. C'est ce que j'ai fait dans la prière avec les textes bibliques que je mentionne à la fin de chaque chapitre.

Par-dessus tout, ne cédez pas à l'impatience. Il faudra peut-être du temps avant que vos prières ne soient exaucées, surtout si votre mariage est profondément meurtri et tendu. Soyez patiente et persévérante, attendez-vous à Dieu pour la guérison. N'oubliez pas que vous êtes tous les deux des êtres imparfaits. Seul le Seigneur est parfait.

Regardez au Seigneur comme étant la source de tout ce que vous voulez voir se réaliser dans votre couple, sans vous inquiéter de savoir *comment* cela va se concrétiser. Votre responsabilité, c'est de prier. La réponse est celle de Dieu. Laissez toutes choses entre *ses* mains.

Chapitre Un

Sa femme

Ce qui est dur pour une épouse qui prie pour son mari, hormis le sacrifice de son temps, c'est de conserver un cœur pur. Il doit être saint devant Dieu afin que vous puissiez voir de bons résultats. C'est pourquoi prier pour son mari doit commencer par prier pour vous, sa femme. Si vous avez de la rancœur, de la colère, une faute que vous n'avez pas pardonnée ou encore une attitude que Dieu n'approuve pas, même s'il y a une bonne raison pour cela, il vous sera difficile de voir une réponse à vos prières. Mais si vous laissez ces sentiments à Dieu en toute honnêteté et ensuite commencez à intercéder, rien ne peut autant métamorphoser un mariage. Il arrive que les épouses bâclent leurs propres prières parce que ces prières ne viennent pas d'un cœur pur. J'ai mis un moment avant de découvrir cela.

Ma prière favorite de trois mots

J'aimerais pouvoir dire que j'ai toujours prié régulièrement pour mon mari depuis le début de notre mariage jusqu'à aujourd'hui. Tel n'a pas été le cas. Du moins pas comme je le conseille dans ce livre. Oh, j'ai prié. Les prières étaient courtes : « Protège-le, Seigneur. » Elles allaient au but : « Sauve notre mariage. » Mais plus communément, elles étaient constituées de ma prière favorite de trois mots : « Change-le, Seigneur. »

Au début de notre mariage, j'étais une jeune chrétienne sortant d'une vie remplie de servitude et d'erreurs et j'avais beaucoup à apprendre de la puissance libératrice et vivifiante de Dieu. Je pensais avoir épousé un homme quasiment parfait, et dont les petits défauts étaient mignons. Petit à petit, ce qui était mignon devint irritant et ce qui était parfait me rendit perfectionniste. Je décidais alors que tout ce qui m'irritait le plus chez lui devait changer et qu'alors tout irait bien.

Cela m'a pris un bon nombre d'années avant de réaliser que mon mari ne serait jamais conforme à l'image que je m'en faisais. Ce n'est encore que quelques années plus tard que j'ai compris que je ne pourrais le faire changer d'*aucune* façon. Ce n'est en fait que lorsque j'ai présenté ces choses qui me dérangeaient au Seigneur que j'ai commencé à voir quelque différence. Ensuite, tout ne s'est pas déroulé comme je l'avais prévu. C'est plutôt dans *ma* vie que Dieu a commencé à travailler. *J'*étais celle qui commençait à changer. Mon cœur avait besoin d'être attendri, humilié, brisé, façonné, puis reconstitué avant même qu'il ne commence à travailler sur mon mari. *Je* devais apprendre à voir les choses telles que Dieu les voyait – pas telles que je pensais qu'elles devraient être.

Graduellement, j'ai commencé à réaliser qu'il est impossible de se consacrer sincèrement à la prière pour son mari avant de premièrement examiner notre propre cœur. Je ne pouvais pas me présenter devant Dieu et m'attendre à des réponses à mes prières si je conservais de la rancune, de l'amertume, ou encore de la rancœur. Je ne pouvais dire *ma* prière favorite de trois mots sans ressentir au plus profond de mon âme qu'il fallait d'abord que je prie la prière favorite de trois mots de Dieu : « Change-moi, Seigneur. »

Qui ? Moi ?... Changer ?

Ne dites pas que je ne vous ai pas avertie. Quand vous priez pour votre mari, surtout quand vous espérez le changer, vous pouvez vous attendre à des changements. Mais les premiers changements ne viendront pas de *lui*. Ils viendront de *vous*. Si cela vous fâche autant que cela m'a fâchée, vous direz : « Attends une minute ! Ce n'est pas moi qui ai besoin d'être changée, dans cette maison ! » Mais Dieu voit des choses que nous ne voyons pas. Il voit où nous pouvons faire mieux. Il ne doit pas chercher longtemps pour mettre à jour nos attitudes et habitudes qui sont en dehors de son plan pour nous. Il nous recommande de ne pas pécher dans nos cœurs parce que le péché nous sépare de lui et cela empêche nos prières d'être exaucées. *« Si j'avais conçu l'iniquité dans mon cœur, le Seigneur ne m'aurait pas exaucé »* (Psaume 66 : 18). Dieu veut que nos cœurs soient justes afin que les réponses à nos prières ne soient pas compromises.

Cette condition semble d'autant plus difficile à remplir quand vous avez le sentiment que c'est votre mari qui a péché contre vous par sa dureté, son manque de respect, son indifférence, son irresponsabilité, son infidélité, son abandon, sa cruauté ou sa violence. Mais Dieu considère que les péchés de haine, amertume, colère, apitoiement sur soi, manque d'amour et esprit de vengeance sont tout aussi sérieux que n'importe quel autre. Confessez-les et demandez à Dieu de vous libérer de tout ce qui ne vient pas de lui. Un des plus beaux cadeaux que vous puissiez offrir à votre mari, c'est d'être « la meilleure de vous-même ». L'élément le plus efficace de sa transformation pourrait bien être… la vôtre !

Ne vous en faites pas, j'ai moi aussi trouvé cela difficile. En fait, chaque fois que mon mari et moi nous sommes trouvés dans une impasse, j'ai eu avec Dieu une conversation qui pouvait ressembler à celle-ci :

« Tu vois comment il est, Seigneur ?

– Vois-tu comment *tu* es ?

– Seigneur, voudrais-tu dire qu'il y a des choses que tu voudrais changer en moi ?

– Bien des choses. Es-tu prête à les entendre ?

– Je suppose que oui…

– Dis-moi quand tu seras vraiment prête.

– Pourquoi moi, Seigneur ? C'est lui qui a besoin de changer !

– L'important, ce n'est pas de savoir qui a besoin de changer, mais qui est *disposé* à changer.

– Mais Seigneur, ce n'est pas juste !

– Je n'ai jamais dit que la vie était juste, mais je le suis.

– Mais je…

– Quelqu'un doit être prêt à commencer.

– Mais…

– Jusqu'où es-tu prête à aller pour préserver ton mariage ?

– Jusqu'au bout. Les autres options sont inacceptables.

– Je suis bien d'accord. Alors je veux commencer par t'aider à changer, toi.

– Aide-moi à avoir une bonne attitude dans tout ça, Seigneur.

– Comme tu voudras.

– Est-ce que je dois prier pour mon mari, même si lui ne prie pas pour moi ?

– Précisément.

– Mais ce n'est pas… D'accord, d'accord, je me souviens. La vie n'est pas juste. Mais toi, tu l'es… (Le ciel approuve silencieusement…) J'abandonne. Vas-y. Oh ! Je sens que ça va être douloureux ! Chan… Change… J'ai du mal à croire que je l'ai dit. (Après avoir respiré à fond…) Change-moi, Seigneur ! »

Douloureux ? Oui ! Mourir à soi-même peut être assez pénible, surtout quand vous êtes convaincue que votre conjoint a plus besoin de changer que vous… Mais cette forme de souffrance conduit à la vie… Les autres alternatives sont tout aussi pénibles et ne finissent que par la mort d'un rêve, d'une relation, d'un mariage et d'une famille.

Dieu peut ramener à la vie le mariage le plus mort qui soit, mais pas sans que vous acceptiez de vous humilier devant lui et de désirer vivre à sa façon, en passant par le pardon, la douceur et l'amour. Cela signifie aussi lâcher le passé et toute blessure qui lui est associée, être prête à perdre une bataille – une dispute – pour remporter la guerre. Je ne dis pas que vous devez perdre votre personnalité, ignorer vos sentiments ou vos propres pensées, ni être le souffre-douleur de votre mari. Ce n'est pas ce que Dieu attend de vous. En fait, si vous êtes en danger physiquement ou émotionnellement, retirez-vous tout de suite et trouvez un lieu sûr où vous réfugier, et faites-vous aider. Vous pourrez prier pour votre mari pendant qu'il reçoit l'aide et le conseil dont il a besoin. La soumission que vous lui devez est celle du cœur, et non un asservissement qui vous est imposé. Jésus a dit : *« Celui qui aura perdu sa vie à cause de moi la retrouvera »* (Matthieu 10 : 39). Mais donner sa vie doit être un acte volontaire, et en aucun cas quelque chose que l'on obtiendrait de vous par la contrainte. Ce que j'essaie de dire, c'est que votre attitude devrait être : « Quoi que tu veuilles, Seigneur, montre-le moi. Ouvre mes yeux, et je le ferai. » Cela signifie être prêt à mourir à soi-même et à dire : « Change-moi, Seigneur ».

Le langage suprême de l'amour

Quelque chose d'étonnant se passe dans notre cœur quand nous prions pour quelqu'un d'autre. La dureté finit par fondre. Nous devenons peu à peu capables de dépasser nos blessures et de pardonner. Nous parvenons même à aimer la personne pour laquelle nous prions. C'est un miracle ! Cela se produit parce que lorsque nous prions, nous entrons dans la présence de Dieu et qu'il nous remplit alors de son Esprit d'amour. Quand vous priez pour votre mari, l'amour de Dieu pour lui vous envahira de plus en plus. Plus encore, vous verrez que lui aussi vous aimera davantage, sans même qu'il sache que vous priez pour lui. Tout cela parce que la prière est le langage suprême de l'amour. Elle communique comme rien d'autre ne peut le faire. J'ai vu des femmes qui n'éprouvaient plus aucun sentiment pour leur mari constater qu'au fur et à mesure qu'elles priaient, ces sentiments renaissaient en elles. Il arrive même que leur amour reprenne vie après une seule prière sincère et profonde.

Parler à Dieu de votre mari est un acte d'amour. La prière fait monter l'amour, et l'amour incite à prier davantage, ce qui appelle encore plus d'amour. Même si vos prières ne sont pas totalement désintéressées, vos motivations seront de moins en moins égoïstes au fur et à mesure que vous prierez. Vous verrez que vous manifesterez plus d'amour dans vos réactions. Vous remarquerez que les sujets à dispute ne provoqueront plus de querelles. Vous deviendrez capables de parvenir à des ententes mutuelles sans vous disputer. Cette unité est tout à fait vitale.

Quand nous ne sommes pas unis, tout s'écroule. Jésus a dit : *« Tout royaume divisé contre lui-même est dévasté, et toute ville ou maison divisée contre elle-même ne peut subsister »* (Matthieu 12 : 25). La prière amène l'unité, même si vous ne priez pas ensemble. J'ai vu des moments de grande tension entre mon mari et moi transformés par le simple fait que j'ai prié pour lui. De plus, le fait de lui demander : « Comment puis-je prier pour toi ? » apporte une nouvelle dimension d'amour et d'égard pour lui à travers telle ou telle situation. En général, mon mari marque une pause et prend le temps de me répondre avec pas mal de détails alors qu'autrement, il n'aurait rien dit. Je sais que même des maris non-chrétiens réagissent positivement quand leur femme leur pose cette question.

Le point capital est qu'en tant que mari et femme, nous ne voulons pas voyager sur deux routes différentes. Nous voulons plutôt avancer sur le même chemin. Nous voulons être profondément compatibles, des compagnons de route pour la vie qui partagent un amour qui dure jusqu'à la fin de leurs jours. La prière, langage suprême de l'amour, peut faire de ce désir une réalité.

Comment puis-je prier pour lui alors que je ne l'aime plus?

Vous est-il arrivé d'être tellement en colère contre votre mari que vous n'aviez aucune envie de prier pour lui ? Moi oui… Il est difficile de prier pour quelqu'un quand vous êtes en colère contre lui ou qu'il vous a blessée. Mais c'est pourtant précisément ce que Dieu attend de nous. S'il nous demande de prier pour nos ennemis, à combien plus forte raison devrions-nous prier pour la personne avec qui nous nous sommes unies et que nous sommes censées aimer ? Mais comment peut-on dépasser ce refus de pardon et cette attitude critique qui sont en nous ?

La première chose à faire est d'être entièrement honnête devant Dieu. Si nous voulons briser les murs de notre cœur et détruire les barrières qui entravent la communication, nous devons être transparents avec Dieu quant à nos sentiments. Pas besoin de faire semblant avec lui ! Il connaît déjà toute la vérité. Il veut simplement voir si nous sommes prêts à admettre et confesser notre désobéissance quant à ses voies. Dès l'instant où nous le faisons, il trouve en nous un cœur avec lequel il va pouvoir travailler.

Si vous êtes en colère contre votre mari, dites-le à Dieu. Ne permettez pas à cette colère de devenir un cancer qui grandit en vous au fil des jours. Ne dites pas : « Je vivrai ma vie, et il n'a qu'à vivre la sienne ! » Il y a un prix à payer quand nous choisissons d'agir tout à fait indépendamment l'un de l'autre. *« Toutefois, dans le Seigneur, la femme n'est point sans l'homme, ni l'homme sans la femme »* (1 Corinthiens 11 : 11). L'un ne saurait être indépendant de l'autre.

Dites plutôt : « Seigneur, tout s'élève en moi pour refuser de prier pour cet homme. Je confesse ma colère, ma souffrance, mon ressentiment, et ma dureté de cœur envers lui. Pardonne-moi et crée en moi un cœur pur et un esprit bien disposé devant toi. Accorde-moi un esprit de pardon et une attitude renouvelée, positive, joyeuse et pleine d'amour envers lui. Là où il a fait fausse route, révèle-le lui et convaincs-le à ce sujet. Conduis-le par des chemins de repentance et de délivrance. Aide-moi à ne pas me tenir à distance dans mes émotions, mes pensées ainsi que physiquement à cause d'un manque de pardon.

« Là ou l'un ou l'autre d'entre nous a besoin de demander pardon à l'autre, aide-nous à le faire. S'il y a quelque chose que je ne vois pas et qui ajoute au problème, révèle-le moi et aide-moi à le comprendre. Éloigne toute brèche de confusion qui a pu contribuer à une incompréhension ou à une mauvaise communication. Là où un comportement doit changer chez l'un ou l'autre, je te prie de nous aider à être capables de le réaliser. Je reconnais que je voudrais m'accrocher à ma colère envers lui parce qu'elle me semble tellement justifiée, mais je veux faire ce que *tu* veux que je fasse. Je t'abandonne tous ces sentiments. Accorde-moi un amour renouvelé pour lui et des mots justes pour apporter une guérison dans cette situation. »

Si vous vous en sentez capable, faites cette petite expérience et voyez ce qui se produit. Priez pour votre mari chaque jour pendant un mois en incluant dans votre prière chaque fois un aspect de la prière mentionné dans chaque chapitre de ce livre. Priez chaque jour en vous inspirant d'un chapitre. Demandez à Dieu de répandre sur lui sa bénédiction et de vous remplir tous les deux de son amour. Voyez comment votre cœur finira par s'attendrir envers lui. Observez si son attitude envers vous n'est pas également en train de changer. Regardez comment évolue votre relation et si elle n'est pas plus paisible. Si vous avez du mal à vous engager à prier ainsi, pensez-y du point de vue du Seigneur. Voir votre mari avec le regard du Seigneur, non seulement comme votre mari, mais comme un enfant de Dieu, un fils que le Seigneur aime, peut s'avérer être toute une révélation. Si quelqu'un appelait et vous demandait de prier pour son fils ou sa fille, vous le feriez, n'est-ce pas ? Eh bien, Dieu vous le demande !

« Tais-toi et prie… »

La Bible dit qu'il y a un temps pour toutes choses. Cela est plus vrai que jamais dans le cadre du mariage, surtout concernant les choses que nous nous disons. Il y a un temps pour parler, un temps pour se taire. Heureux l'homme dont la femme sait faire la différence entre les deux ! Quiconque a été marié quelque temps réalise qu'il y a bien des choses qu'il vaut mieux ne pas dire. Une femme a la capacité de blesser son mari plus profondément que qui que ce soit d'autre, et réciproquement. Toutes les excuses n'y feront rien : les paroles qui sont dites ne sauraient être effacées. Tout au plus, elles peuvent être pardonnées, ce qui n'est pas toujours facile. Il arrive que tout ce que nous pouvons dire ne fasse qu'empêcher Dieu d'accomplir ce qu'il veut ; dans ces moments-là, mieux vaut se taire et prier.

Dans les premiers temps de mon mariage avec Michael, quand quelque chose allait de travers, je ne disais rien. Je refoulais mes sentiments. Après la naissance de notre premier enfant, j'ai de plus en plus exprimé verbalement mes sentiments. Mais plus j'exprimais mes objections et mes opinions, plus il me résistait et plus nous nous disputions. Non seulement ce que je disais n'apportait rien de plus dans la situation qui m'agaçait, mais en fait, cela avait l'effet inverse. Il m'a fallu quelques années pour apprendre ce que des millions de femmes ont dû apprendre au fil des siècles : être toujours sur le dos de son mari, ça ne marche pas ! Le critiquer non plus. Il arrive même que le fait de parler de quelque chose ne change rien non plus. J'ai observé que la seule chose qui fonctionne toujours, c'est la prière. La sauvegarde de la prière vient de ce qu'elle doit toujours passer par Dieu. Cela signifie que vous ne pouvez pas continuer votre route avec une mauvaise attitude, de mauvaises pensées, ou des mobiles impurs. Quand vous priez, Dieu vous révèle tout ce qui, dans votre personnalité, résiste à l'ordre des choses tel qu'il l'a établi.

Mon mari ne fera pas quelque chose qu'il ne veut pas faire. Et s'il finit par faire quelque chose contre son gré, ceux qui vivent sous le même toit que lui seront les premiers à en faire les frais. Si je veux vraiment qu'il fasse quelque chose, *avant* de le lui demander, j'ai appris à prier à ce sujet jusqu'à ce que j'aie la paix de Dieu. Il arrive que Dieu change alors ma façon de penser à ce sujet, ou qu'il me montre une autre façon de m'y prendre sans que j'aie à demander quoi que ce soit à Michael. Si je dois lui dire quelque chose, j'essaie de le faire sans le brusquer ou le rudoyer. Je prie d'abord afin que le Seigneur me dirige.

Cependant, j'ai mis longtemps à apprendre cela. Tout a commencé le jour où j'ai lu dans Proverbes 21 : 19 : *« Mieux vau habiter dans une terre déserte, qu'avec une femme querelleuse et irritable »*. Cela m'a touché en plein cœur.

« Mais Seigneur, demandai-je, que dire du verset qui déclare : *"Mieux vaut une réprimande ouverte qu'une amitié cachée"* (Proverbes 27 : 5) ? Est-ce qu'une femme ne doit pas dire à son mari ce qui ne va pas ?

Il me dit alors :

– *Il y a un temps pour tout, un temps pour toute chose sous les cieux... un temps pour se taire, et un temps pour parler* (Ecclésiaste 3 : 1, 7). Le problème vient de ce que tu ne sais pas quand c'est le moment de faire l'un ou l'autre. De plus, tu ne sais pas le faire avec amour.

– D'accord, Seigneur. Montre-moi quand je dois parler et quand je dois me contenter de me taire et de prier. »

La première occasion de mettre ce principe en pratique ne s'est pas fait attendre. Je venais de commencer un groupe de prière hebdomadaire pour femmes chez moi, et cela me bouleversa tellement que je suggérai à mon mari d'en commencer un pour hommes. Mais il ne voulait pas en entendre parler. « Je n'ai pas le temps » me répliqua-t-il sur un ton qui me montrait bien que cette idée ne l'enthousiasmait guère.

Plus j'en parlais, plus Michael s'irritait. Après avoir reçu de Dieu le conseil de « me taire et de prier », je décidais donc d'adopter cette approche. J'ai cessé d'en parler et j'en ai fait un sujet de prière. J'ai aussi demandé à mon groupe de prière de prier à ce sujet avec moi. C'est près de deux ans après que j'aie cessé de lui en parler que Michael m'a annoncé abruptement qu'il organisait un groupe de prière hebdomadaire pour hommes. Ce groupe fonctionne encore, et il ne sait toujours pas que j'ai prié pour ça ! Certes, cela a pris plus longtemps que je n'aurai voulu, mais le résultat est là. De plus, je suis restée en paix pendant tout ce temps d'attente, ce qui n'aurait pas été le cas si j'avais continué de lui en parler.

Dans la Bible, nous voyons que la reine Esther a prié, jeûné, et cherché le temps de Dieu avant d'aborder son mari, le roi, pour une question de la plus haute importance. L'enjeu était de taille, et elle en était consciente. Elle n'est pas arrivée en courant et en hurlant : « Tes amis, ces vauriens, ont comploté de nous détruire ! » Elle a plutôt commencé par prier et l'aborder avec amour, tandis que Dieu disposait son cœur. Le Seigneur nous donnera toujours les mots qu'il faut, et nous montrera quand les dire si nous le lui demandons. Tout est une question de « timing ».

J'ai entendu bien des gens invoquer l'excuse selon laquelle « l'essentiel, c'est d'être honnête et franc », pour anéantir les autres par leurs propos. La Bible nous dit : *« L'insensé met en dehors toute sa passion, mais le sage la contient »* (Proverbes 29 : 11). Il laisse libre cours à ses sentiments et les « ventile » autour de lui. Autrement dit, il est insensé de partager tous ses sentiments et ses pensées. Être honnête ne signifie pas qu'il faut être totalement franc à travers nos commentaires. Cela blesse souvent les autres. Si l'honnêteté est certes une qualité nécessaire pour un bon mariage, dire à son mari tout ce qui ne va pas chez lui est non seulement déconseillé, mais en plus biaisé par notre regard subjectif. Dieu seul a une perspective totalement juste et vraie, et il n'a probablement pas les mêmes problèmes que vous avec votre mari. Notre objectif ne doit donc pas être d'amener notre mari à faire ce que nous voulons, mais plutôt à le confier à Dieu afin qu'il se charge de l'amener à faire ce que lui, dans sa sagesse, veut.

Il faut distinguer avec soin ce qui est juste de ce qui ne l'est pas. Si telle ou telle situation n'est pas clairement juste ou mauvaise, gardez votre opinion pour vous-même. Ou priez à ce sujet, pour vous laisser conduire par le Seigneur afin de l'exprimer en temps utile dans une discussion calme et sereine. La Bible dit : *« Ne te presse pas d'ouvrir la bouche, et que ton cœur ne se hâte pas d'exprimer une parole devant Dieu ; car Dieu est au ciel, et toi sur la terre, que tes paroles soient donc peu nombreuses »* (Ecclésiaste 5 : 2). Il est des moments où nous devrions juste écouter et ne pas donner de conseil, afin de soutenir sans offrir la moindre critique constructive.

Je ne suggère pas un seul instant que vous deviez devenir un paillasson timide qui ne confronte jamais son mari avec la vérité, surtout quand cela est pour son plus grand bien. Certainement, vous devez communiquer et exprimer clairement vos pensées et vos sentiments. Mais une fois qu'il les a entendus, ne continuez pas à le pousser à bout au risque d'envenimer la querelle.

Si vous devez dire certaines choses difficiles à entendre, demandez à Dieu de vous aider à discerner le moment où votre mari sera le mieux disposé à les entendre. Priez afin que Dieu vous donne les mots justes et afin que son cœur soit tout à fait réceptif. Je sais que c'est difficile à faire si vous brûlez d'impatience de lui dire « tout cru » le fond de votre pensée ! Mais aussi difficile que cela paraisse, mieux vaut en parler d'abord à Dieu qui saura vous aider à tempérer vos propos par son Esprit. Cela est d'autant plus vrai quand le dialogue a été rompu et que chaque mot prononcé ne semble qu'accentuer la douleur. J'aurais aimé avoir appris plus tôt à prier avant de parler. Mes paroles ont trop souvent provoqué une réaction défensive chez mon mari, ce qui a produit des paroles dures que nous avons regrettées tous les deux par la suite. Il a reçu mes propos comme un moyen de pression pour l'amener à faire ceci ou cela, à être différent, alors même que mon intention sincère était de viser à son véritable intérêt. Il fallait que Dieu intervienne auprès de lui pour lui parler.

Quand nous vivons par la puissance de Dieu plutôt que par notre propre chair, nous n'avons pas besoin d'utiliser nos paroles comme moyen d'exercer un certain pouvoir. *« Car le royaume de Dieu ne consiste pas en paroles, mais en puissance »* (1 Corinthiens 4 : 20). Ce ne sont pas les mots que nous prononçons qui font la différence, mais la puissance de Dieu qui les accompagne. Vous serez étonné de voir l'impact que vos paroles pourront avoir quand vous priez avant de les prononcer. Vous serez même encore plus surpris de voir ce qui peut arriver quand vous vous taisez pour laisser Dieu agir.

Croyant ou pas

Si votre mari n'est pas un croyant, vous savez sans doute quel effet vous aurez sur lui si vous vous acharnez à lui parler du Seigneur s'il ne s'est pas montré ouvert jusque-là. Non pas qu'il faille vous taire à jamais, mais si ce que vous dites est toujours reçu avec indifférence ou irritation, la prochaine étape devrait consister à vous taire et à prier. La Bible dit qu'une femme peut gagner son mari sans rien dire, à cause de ce qu'il va pouvoir observer chez sa femme, et qui lui en dira davantage que toutes ses paroles : *« Afin qu'ils soient gagnés sans parole par la conduite de leur femme »* (1 Pierre 3 : 1, 2).

Dieu parle des choses qui ne sont pas comme si elles étaient. Vous pouvez le faire aussi. Vous pouvez dire : « Je ne vais pas faire semblant ; je veux confesser dans la prière que ce qui ne fait pas encore partie de la vie de mon mari existe déjà par la foi.

Même s'il n'a pas la foi, je vais prier pour lui comme s'il l'avait. » Bien sûr, vous ne pourrez le contraindre de faire ce qu'il ne veut pas faire, mais vous avez accès à la puissance de Dieu par la prière jusqu'à ce que sa voix pénètre l'âme de votre mari. Peu importe combien de temps il vous faudra prier pour votre mari jusqu'à ce qu'il connaisse le Seigneur, même si cela doit prendre toute sa vie, ce n'est pas du temps perdu. Entre-temps, que votre mari soit croyant ou pas, vous pouvez vous approprier toutes les prières de ce livre en sa faveur et vous attendre à être exaucée.

Créer un foyer

Aussi « libérée » que vous puissiez être, si vous êtes mariée, il y aura toujours deux domaines de votre vie de couple qui relèveront toujours essentiellement de votre responsabilité : le foyer et les enfants. Même si vous êtes la seule à travailler et que votre mari reste à la maison pour s'occuper des enfants, il vous appartient de veiller à ce que votre foyer demeure un sanctuaire paisible, une source de contentement, d'acceptation, de ressourcement, d'instruction, de repos et d'amour pour votre famille. En plus, il est attendu de vous que vous soyez attrayante, bonne cuisinière, bonne maman et en bonne forme physique, émotionnelle et spirituelle. Il y a de quoi se sentir dépassée, mais la bonne nouvelle est que vous n'êtes pas seule pour y parvenir. Vous pouvez rechercher le secours de Dieu.

Demandez au Seigneur de vous montrer comment faire de votre foyer un lieu sûr, un havre de paix où votre famille puisse s'épanouir, un lieu où la créativité et la communication soient constantes et naturelles. Demandez-lui de vous aider à faire votre ménage, votre lessive, ainsi qu'à tenir votre cuisine, faire votre rangement, vos courses et ranger les chambres. Ce sont là des choses de tous les jours pour lesquelles un mari ne remercie pas sa femme souvent, et parfois même jamais, mais il remarquera si elles ne sont *pas* faites. Mon mari peut passer des mois sans ouvrir le placard pour y chercher une ampoule ou une pile. Mais quand il le fait, il s'attend à trouver ce qu'il y cherche. S'il rentre tard du travail et qu'il a faim, il s'attend à trouver du pain pour se faire un sandwich. Je fais de mon mieux pour qu'il en soit ainsi. Je demande à Dieu de m'aider à entretenir ma maison de façon à ce que mon mari soit heureux de rentrer chez lui et même d'y amener ses amis. Il n'est pas nécessaire d'avoir des meubles de luxe ni de faire appel à un décorateur pour faire tout cela. Ma première maison était petite et remplie de meubles que j'avais achetés dans des magasins de meubles d'occasion. Je l'ai repeinte de fond en comble avec l'aide d'une amie et l'ai rendue coquette. Il suffit d'un peu de goût et de quelques idées.

Pour faire de votre maison un foyer, laissez votre mari en être la tête, et soyez-en le cœur. N'essayez pas d'être les deux : ce serait trop. Dieu a mis le mari à la tête de la famille, qu'il le mérite ou non, et qu'il en assume les responsabilités ou non. Tel est l'ordre divin des choses. Cela ne signifie pas qu'une des deux positions soit plus importantes que l'autre, Elles vont de pair. Pour que votre mari soit la tête du foyer, il faut que vous lui reconnaissiez cette autorité. Vous êtes appelée à être le cœur du foyer, et il vous appartient d'y veiller, même s'il se trouve que c'est vous qui apportez le plus gros du soutien financier de la famille. Inversez les rôles, et vous vivrez dans un état de conflit permanent.

Cela ne signifie pas que la femme ne peut pas travailler ou que le mari ne puisse pas prendre soin du foyer ; ce sont les attitudes de cœur et l'état d'esprit qui font toute la différence. Il y a eu des périodes de plusieurs semaines pendant lesquelles j'écrivais mes livres où mon mari a pris soin de la maison et des enfants afin que je puisse terminer mon travail dans les délais. Cela n'a jamais minimisé son autorité pas plus que cela ne m'a poussée à usurper sa position. Il a accepté de fonctionner ainsi pour moi. Certes, il y a eu des moments où il a eu besoin de se reposer et où j'ai dû travailler à la maison. Dans ces moments-là, je l'ai fait pour lui. Pour bien des gens, c'est un équilibre délicat à maintenir, c'est pourquoi il est bon de prier que l'intégrité de ces deux positions dans le foyer, celle de la tête et celle du cœur, ne soit pas compromise.

Garder la maison en ordre ne signifie pas que tout doit être parfait, mais dans l'ensemble, la situation devrait être maîtrisée. Si vous devez travailler aussi dur que lui pour pourvoir aux besoins de votre famille, les responsabilités à la maison devraient être partagées. S'il ne veut pas les partager, investissez ce qui est nécessaire à payer quelqu'un pour vous aider quelques heures par semaine ; cela vous coûtera bien moins cher qu'un divorce, qu'un chiropracteur, un thérapeute, un médecin, ou un enterrement ! Demandez à Dieu de vous monter ce qu'il en est.

Tout ce que j'ai dit du foyer s'applique aussi à votre corps, votre âme et votre esprit. Une part d'effort doit être faite pour les maintenir en bonne santé. J'ai entendu une fois une émission de radio dans laquelle une femme se plaignait, auprès d'un psychologue populaire, que son mari lui avait dit qu'il ne la trouvait plus attrayante. L'hôte répondit par une question : « Que faites-vous pour être attrayante ? » Il n'y eut pas de réponse. Le fait est que l'on n'est pas forcément naturellement attrayante. Même les plus belles femmes au monde doivent soigner leur apparence. La reine Esther était l'une des plus belles femmes du pays, ce qui ne l'empêcha pas de passer un an à s'embellir encore avant de rencontrer le roi.

Nous devons nous poser cette même question : « Que fais-je pour être attrayante aux yeux de mon mari ? Suis-je propre et est-ce que je sens bon ? Est-ce que j'entretiens ma santé en faisant régulièrement de l'exercice ? Est-ce que je préserve mes forces et ma vitalité en gardant de saines habitudes alimentaires ? Est-ce que je m'habille bien pour lui plaire ? » Et le plus important : « Est-ce que je prends du temps seule avec Dieu chaque jour ? » Je vous garantis que plus vous prendrez de temps seule avec le Seigneur, plus vous serez rayonnante. *« La grâce est trompeuse, et la beauté est vaine ; la femme qui craint l'Éternel est celle qui sera louée »* (Proverbes 31 : 30).

Vous ne pouvez vous permettre de ne pas investir en vous-même, dans votre santé, et dans votre avenir. Cela n'a rien à voir avec l'égoïsme. Il serait égoïste de ne *pas* le faire. Priez afin que Dieu vous montre les étapes à suivre et vous rende capable de le faire. Invitez le Saint-Esprit à demeurer en vous et dans votre foyer.

Renoncez à vos exigences

Peu de temps après notre mariage, mon mari m'a appelé depuis son travail et m'a dit qu'il voulait que je prépare un certain plat au poulet pour le souper. Je suis allée au magasin, j'ai acheté ce qu'il me fallait, lui ai préparé son plat ; quand il est rentré, il m'a dit sur le pas de la porte : « Je n'ai pas envie de poulet, ce soir. Je préférerais une côte d'agneau. » Inutile de vous dire quelles pensées ont alors traversé mon esprit car je suis sûre que vous les devinez déjà. Ce ne fut pas un incident isolé. D'autres situations semblables se sont reproduites trop fréquemment. Combien de fois Michael m'a-t-il promis de rentrer du travail à l'heure pour le souper, pour me dire dix minutes après l'heure convenue qu'il restait travailler tard et qu'il mangerait avec ses collègues… J'ai fini par apprendre qu'il ne me servait à rien d'être en colère, de me froisser ou de me laisser gagner par l'amertume. Cela ne faisait qu'empirer les choses. Mieux valait pour nous deux que je m'adapte à la situation et que je renonce à mes exigences. Dès lors, je préparais les repas du soir pour les enfants et moi. Si Michael nous rejoignait à temps, c'était une agréable surprise. Sinon, je pouvais m'en accommoder.

J'ai appris que lorsque je dois faire face à la déception, mieux valait me souvenir des qualités de mon mari. Je me souviens alors combien il aime m'aider avec les tâches ménagères et à la cuisine. Il est fidèle et ne me donne aucune raison d'en douter. Il est chrétien, va à l'église, lit sa Bible, prie et a des valeurs morales élevées. Il m'aime ainsi que nos enfants. Il utilise ses talents pour la gloire de Dieu. Il pourvoit avec bonté et générosité. Les choses pourraient être bien plus difficiles, si bien que je me refuse à me plaindre qu'il soit à la maison pour souper ou pas.

Je pense que, si je pouvais aider une jeune épouse dans un seul domaine, ce serait de la décourager d'entrer dans le mariage avec une longue liste d'exigences et d'attentes, parce qu'elle serait bien malheureuse si son mari ne s'y conformait pas. Bien sûr, il y a certaines attentes sur lesquelles le couple a déjà dû s'entendre avant de fixer la date du mariage, telles que la fidélité, le soutien financier, l'honnêteté, la bonté, la décence, des valeurs morales élevées, l'amour physique et émotionnel et la protection. Si vous ne recevez pas ces choses, vous êtes en droit de les réclamer. Si vous ne les recevez toujours pas, vous pouvez prier. Mais quand on devient plus précis, vous n'avez pas le droit d'exiger de qui que ce soit qu'il réponde à tous vos besoins. La pression de devoir satisfaire tous vos rêves serait insupportable pour un homme. Mais amenez vos besoins à Dieu dans la prière et attendez-vous à *lui* pour la réponse. Si nous essayons de contrôler nos maris par une longue liste d'exigences qu'ils doivent satisfaire, et que nous soyons par conséquent déçues et frustrées quand ils n'y satisfont pas, c'est *nous* qui sommes grandement dans l'erreur. Les plus grands problèmes dans notre vie de couple découlèrent du fait que j'attendais de Michael qu'il soit conforme à ce que je voulais qu'il soit ou fasse, et que cela ne coïncidait que rarement avec la réalité.

Renoncez à autant de vos exigences que possible. Les changements que vous essayez de provoquer chez votre mari, ou que votre mari essaie de réaliser dans sa vie pour vous plaire, sont voués à l'échec et ne pourront qu'engendrer chez vous deux toutes sortes de déceptions. Au lieu de cela, demandez à Dieu d'opérer les changements nécessaires. Il fera bien mieux le travail, car *« Tout ce que Dieu fait durera toujours… il n'y a rien à y ajouter et rien à en retrancher »* (Ecclésiaste 3 : 14). Acceptez votre mari tel qu'il est et priez afin qu'il grandisse. Puis, quand un changement se produit, ce sera parce que Dieu aura fait son œuvre en lui, œuvre qui sera durable. *« Oui, mon âme, confie-toi en Dieu ! Car de lui vient mon espérance »* (Psaume 62 : 5). Vos plus grandes attentes peuvent concerner votre relation avec Dieu, pas celle avec votre mari.

Avec tout le respect

Il est intéressant de voir que Dieu attend du mari qu'il aime sa femme, mais il est attendu de la femme qu'elle respecte son mari. *« Du reste, que chacun de vous aime sa femme comme lui-même, et que la femme respecte son mari »* (Éphésiens 5 : 33). J'imagine qu'aucune femme n'épouserait un homme sans l'aimer, mais trop souvent, une femme perd le respect pour son mari après qu'ils aient été mariés quelque temps. La perte du respect semble précéder la perte de l'amour et blesse un homme plus qu'on ne le réalise. Les conséquences de la perte de respect pour votre mari peuvent être désastreuses. Mikal, femme du roi David, a observé son mari en train de danser devant la foule, sans son vêtement royal, tandis que l'arche de l'alliance entrait dans la ville. Mikal n'a non seulement pas su partager sa joie, mais en plus, elle l'a méprisé (2 Samuel 6 : 16). Elle le critiqua au lieu d'essayer de comprendre la situation du point de vue de Dieu. Elle a payé le prix fort pour son manque de respect ; le jugement de Dieu fit qu'elle en devint stérile. Je crois que, lorsque nous ne respectons pas notre mari, non seulement nous connaissons l'échec dans notre couple, mais nous nous coupons nous-mêmes de la vie nouvelle.

Autre exemple : la reine Vasthi refusa de répondre à l'appel du roi. Le roi donnait une fête en l'honneur de ses amis ; il avait envie de s'amuser, et de montrer sa belle épouse dont il était fier. Tout ce qu'il attendait d'elle, c'était qu'elle se revête de ses vêtements royaux, de sa couronne, et qu'elle fasse une apparition devant les convives qu'il avait invités. Elle refusa, sachant pertinemment bien que cela l'humilierait. *« Mais la reine Vasthi refusa de venir, quand elle reçut par les eunuques l'ordre du roi. Et le roi fut très irrité, il fut enflammé de colère »* (Esther 1 : 12). Le résultat fut que Vasthi perdit sa position de reine. Non seulement avait-elle fait du tort à son mari, mais aussi à sa famille et à ses amis, car une femme ne doit pas humilier son mari, aussi indigne soit-il de ce respect. Le prix à payer est trop élevé.

Si cela vous est déjà arrivé, et que vous saviez que vous avez manqué de respect envers votre mari, confessez-le à Dieu à l'instant même. Dites-lui :

« Seigneur, je confesse que je n'ai pas l'égard pour mon mari que ta Parole demande. Il y a un mur dans mon cœur que j'ai érigé en protection pour parer aux blessures que je pouvais subir. Mais je suis prête à le détruire afin que tu puisses guérir mon cœur. Je confesse qu'il m'est arrivé de lui manquer de respect. Je confesse mon attitude et mes propos par lesquels j'ai péché contre toi. Montre-moi comment anéantir cette barrière dans mes émotions qui veut m'empêcher de manifester cet amour inconditionnel qui vient de toi seul. Abats ce mur d'endurcissement qui entoure mon cœur et montre-moi comment respecter mon mari comme tu le veux. Donne-moi d'avoir un cœur comme le tien à son égard, Seigneur, et aide-moi à le voir comme tu le vois. »

Prier ainsi vous libérera et vous permettra de voir le potentiel qui est en cet homme : la grandeur que Dieu veut lui donner au lieu de ses travers. Cela vous rendra capable de lui dire des paroles positives qui l'encourageront, l'édifieront, lui communiqueront la vie et amélioreront votre mariage. L'amour est atrophié lorsque nous ne considérons que les aspects négatifs. L'amour grandit quand nous fixons notre attention sur le positif. Quand votre attitude envers votre mari est selon le cœur de Dieu, vous portez alors sur lui un regard nouveau. Il y aura encore des moments où vous ne comprendrez pas d'où vient votre mari, ce qu'il éprouve, et pourquoi il agit comme il le fait, à moins que Dieu ne vous accorde son discernement. Demandez à Dieu de vous accorder cette grâce.

Quand vous priez pour vous-même (sa femme), souvenez-vous du modèle que nous donne la Bible d'une bonne épouse.

Il nous est dit qu'elle prend soin de sa maison et la dirige avec sagesse. Elle sait quand acheter et vendre et faire de sages investissements. Elle se garde en bonne santé et s'habille de façon attrayante. Elle travaille avec diligence et sait faire valoir ses dons. Elle donne généreusement tout en préparant consciencieusement l'avenir. Elle contribue à la bonne réputation de son mari. Elle est forte, solide, honorable et n'a pas peur de vieillir. Elle parle avec sagesse et bonté. Elle ne reste pas oisive, mais veille soigneusement sur tout ce qui se passe dans sa maison. Ses enfants et son mari la louent. Elle ne compte pas sur le charme et la beauté mais sait que la crainte du Seigneur est la qualité la plus attrayante qui soit. Elle soutient son mari et vit une vie personnelle riche et féconde et qui parle d'elle-même (Proverbes 31).

Cette femme est étonnante. On ne peut lui ressembler que par la capacité que Dieu peut nous accorder quand nous nous abandonnons à lui. Son portrait peut être résumé par le fait qu'elle est une femme en qui son mari a pleinement confiance. En effet, *« elle lui fait du bien, et non du mal, tous les jours de sa vie »* (Proverbes 31 : 12). Je crois que le plus grand bien qu'une femme puisse faire à son mari, c'est de prier pour lui. Relèverons-nous le défi ?

Prière

Seigneur, aide-moi à être une bonne épouse. Je réalise tout à fait que j'en suis incapable par mes propres moyens. J'ai besoin de ton aide. Prends mon égoïsme, mon impatience, mon irritation, et change-les en bonté, en patience, et en endurance pour supporter toutes choses. Prends mes anciennes habitudes émotionnelles, mes états d'esprit, mes réactions automatiques, mes préjugés sans miséricorde, mes tendances à me protéger, et rends-moi patiente, bonne, douce, fidèle, sensible et tempérée. Prends la dureté de mon cœur et brise les barrières par le bélier de ta révélation. Accorde-moi un cœur nouveau et agis en moi pour y produire ton amour, ta paix et ta joie (Galates 5 : 22-23). Je ne suis pas capable en ce moment de me libérer de ce que je suis. Toi seul peux me transformer.

Montre-moi où le péché subsiste dans mon cœur, surtout en rapport avec mon mari. Je confesse les situations où je l'ai critiqué, ou j'ai manqué d'amour, de patience, de respect, de pardon envers lui. Aide-moi à renoncer à toute colère, toute amertume, toute déception et pardonne-le comme toi seul sais le faire : totalement et entièrement, sans regarder en arrière. Fais de moi un instrument de réconciliation, de paix, et de guérison pour notre couple. Rends-nous capables de mieux communiquer et libère-nous de la menace de la séparation quand l'ombre du divorce se profile à l'horizon.

Fais de moi une aide pour mon mari, sa compagne, sa supportrice et son amie. Aide-moi à construire un foyer paisible, reposant et sécurisant qu'il aime retrouver en rentrant à la maison.

Apprends-moi à prendre soin de moi-même et à rester attrayante pour lui. Aide-moi à devenir une femme créative et pleine d'assurance, riche dans son esprit, son âme et sa pensée. Fais de moi la femme dont il sera fier d'être le mari.

Je dépose toutes mes attentes au pied de ta croix. Je libère mon mari du fardeau de devoir répondre à des besoins de ma vie que toi seul peux combler tandis que je regarde à toi. Aide-moi à l'accepter tel qu'il est sans essayer de le changer. Je réalise que, dans certains domaines, il se peut qu'il ne change jamais, mais en même temps, je reconnais qu'il peut encore changer dans des domaines où je n'y croyais plus. Je te laisse le soin de le changer comme tu le veux, acceptant pleinement le fait que ni lui ni moi ne sommes parfaits et ne le serons jamais.

Toi seul, Seigneur, es parfait et je m'attends à toi seul pour nous rendre parfaits.

Apprends-moi à prier pour mon mari et à faire de mes prières un véritable langage de prière. Là où l'amour est mort, crée un amour nouveau entre nous. Montre-moi ce qu'est vraiment l'amour inconditionnel et comment le communiquer de façon à ce qu'il soit bien reçu. Unis-nous afin que nous puissions être d'accord en tout (Amos 3 : 3). Que le Dieu de la patience et du réconfort nous accorde d'avoir une même pensée l'un envers l'autre, selon Jésus-Christ (Romains 15 : 5). Fais de nous une équipe, afin que nous ne menions pas nos vies séparément, dans l'indépendance et dans un esprit de compétition, mais que nous travaillions ensemble, regardant au-delà de nos fautes et de nos faiblesses respectives pour le bien de notre mariage. Aide-nous à rechercher ce qui contribue à la paix et à l'édification mutuelle (Romains 14 : 19). Que nous puissions être *« parfaitement unis dans un même esprit et dans un même sentiment »* (1 Corinthiens 1 : 10).

Je prie que notre engagement envers toi et l'un envers l'autre soit jour après jour de plus en plus passionné.

Aide-le à être la tête de notre foyer par la capacité que tu voudras bien lui accorder, et montre-moi comment le soutenir et le respecter tandis qu'il prend toute sa place pour assumer sa position de chef du foyer. Aide-moi à comprendre ses rêves et à voir les choses selon sa perspective. Révèle-moi ce qu'il veut et de quoi il a besoin et montre-moi les problèmes potentiels avant qu'ils ne surgissent. Insuffle ta vie dans notre mariage.

Fais de moi quelqu'un de nouveau, Seigneur. Accorde-moi une perspective toute nouvelle, une vision positive, et une relation renouvelée avec l'homme que tu m'as donné. Aide-moi à le voir avec un nouveau regard, une nouvelle appréciation, un nouvel amour, une nouvelle compassion, et une nouvelle acceptation. Puisses-tu accorder à mon mari une nouvelle épouse en moi.

Qu'il en soit ainsi.

Quelques précieuses ressources

« C'est pourquoi je vous dis, tout ce que vous demanderez en priant, croyez que vous l'avez reçu, et vous le verrez s'accomplir. Et, lorsque vous êtes debout faisant votre prière, si vous avez quelque chose contre quelqu'un, pardonnez, afin que votre Père qui est dans les cieux vous pardonne aussi vos offenses. »

Marc 11 : 24-25

« Soyez bons les uns envers les autres, compatissants, vous pardonnant réciproquement, comme Dieu vous a pardonné en Christ. » Éphésiens 4 : 32

« Demandez, et l'on vous donnera ; cherchez, et vous trouverez ; frappez, et l'on vous ouvrira. Car quiconque demande reçoit, celui qui cherche trouve, et l'on ouvre à celui qui frappe. »

Matthieu 7 : 7-8

« C'est par la sagesse qu'une maison s'élève, et par l'intelligence qu'elle s'affermit ; c'est par la science que les chambres se remplissent de tous les biens précieux et agréables. »

Proverbes 24 : 3-4

« Ne nous lassons pas de faire le bien ; car nous moissonnerons au temps convenable, si nous ne nous relâchons pas »

Galates 6 : 9

CHAPITRE DEUX

Son travail

Jacques travaille rarement. Il accepte volontiers que Martine, sa femme, pourvoie aux besoins du foyer pendant qu'il essaie de réaliser son rêve. Le problème, c'est que Martine vit mal le fait de porter seule sur ses épaules tout le fardeau du soutien financier de la famille, et ce depuis toujours. Le fait est que Jacques poursuit son rêve depuis dix-sept ans sans aucun résultat concret. Je crois qu'en réalité, la crainte est à la base de l'inactivité de Jacques. S'il ne parvient pas à avoir le job de ses rêves, Jacques a peur de se retrouver avec un emploi qu'il déteste pour le restant de ses jours.

Marc, quant à lui, se tue à la tâche. Il ne sait pas se reposer ou jouir du fruit de son labeur. Il passe rarement du temps avec sa famille, et ses enfants adolescents sont sur le point de devenir adultes. Il ne travaille pas si dur par nécessité, mais par crainte. Il craint que, s'il s'arrête, il n'ait plus que peu de valeur aux yeux des autres comme à ses propres yeux.

Ce sont là des exemples extrêmes de la relation qu'un homme peut entretenir avec son travail. D'un côté la paresse, éviter le travail par égoïsme, crainte, manque de confiance en soi, dépression, ou peur de l'avenir. Dieu dit du paresseux : *« La porte tourne sur ses gonds, et le paresseux sur son lit »* (Proverbes 26 : 14). *« L'assoupissement fait porter des haillons »* (Proverbes 23 : 21). *« Le chemin du paresseux est comme une haie d'épines »* (Proverbes 15 : 19). *« Les désirs du paresseux le tuent, parce que ses mains refusent de travailler »* (Proverbes 21 : 25). Autrement dit, un paresseux n'arrivera jamais à rien, n'aura jamais rien, devra marcher sur une route difficile, et finira par être anéanti.

L'autre extrême, c'est l'esclavage du travail au point d'en faire une drogue. Il devient alors une obsession à l'exclusion de toute autre chose, au point d'en perdre sa vie. Dieu dit d'un tel homme : *« Ainsi arrive-t-il à tout homme avide de gain ; la cupidité cause la perte de ceux qui s'y livrent »* (Proverbes 1 : 19). *« Puis, j'ai considéré tous les ouvrages que mes mains avaient faits, et la peine que j'avais prise à les exécuter ; et voici, tout est vanité et poursuite du vent, et il n'y a aucun avantage à tirer de ce qu'on fait sous le soleil »* (Ecclésiaste 2 : 11). En d'autres termes, se rendre esclave de son travail ne fait que nous user et n'a aucun sens.

Aucun de ces deux extrêmes n'est source de bonheur ou de satisfaction. Seul un équilibre parfait entre les deux, que Dieu seul peut aider un homme à trouver, apportera cette qualité de vie.

Curieusement, c'est la même raison qui peut pousser un homme vers l'un ou l'autre de ces extrêmes. Je veux parler de la crainte. Le sens de l'identité d'un homme est souvent étroitement lié à son travail. Il a besoin d'être apprécié et d'être un gagnant ; son travail est souvent le moyen qu'il emploie pour atteindre ces deux objectifs. Il est effrayé à la pensée de n'atteindre ni l'un ni l'autre.

S'il fait un travail qui lui donne le sentiment d'être rabaissé, il se sent dévalué en tant que personne. Si son travail ne fonctionne pas bien, il a sentiment d'être un perdant.

Dieu reconnaît le fait que le travail est une source de satisfaction pour l'homme. L'Écriture va jusqu'à dire : *« Si un homme mange et boit et jouit du bien-être au milieu de tout son travail, c'est là un don de Dieu »* (Ecclésiaste 3 : 13). Le fait que tant d'hommes ne soient pas satisfaits dans leur travail ne vient pas tant de la nature de leur travail mais plutôt du fait qu'ils aient ou non trouvé le sens de leur vie. Un homme qui n'a pas trouvé ce sens peut en arriver à travailler dur et longtemps pour une si faible récompense qu'il ne voit aucune lueur d'espoir dans l'avenir. Il ne voit en tout cas rien qui lui donne le goût de vivre. Si l'on ajoute à cela le spectre de la pensée de vieillir qui peut l'envahir, il peut entendre dans sa tête des paroles telles que : « Tu n'as de valeur aux yeux de personne… Tu es tout à fait remplaçable… Tu n'es plus capable de faire ce que tu faisais avant… Tu es trop vieux pour apprendre… Tu n'as pas ce qu'il faut… Ta vie n'a plus aucun sens… » C'est là une position dangereuse pour un homme.

Bernard, son père et son grand-père ont tous eu du mal à gagner leur vie. En fait, ce n'est que sur le tard que chacun d'eux a su discerner ce qu'il était censé faire de sa vie. Ils sont passés d'un emploi à un autre sans direction claire. Financièrement, ils ont toujours dû jongler. Ils n'ont pas eu de parents qui priaient pour eux afin qu'ils découvrent leurs dons et leurs talents, qu'ils découvrent le plan de Dieu pour leur vie, que des portes s'ouvrent pour eux, et qu'ils puissent devenir tout ce pour quoi Dieu les avait créés. Sans l'intervention de Dieu, l'histoire tend à se répéter inexorablement.

J'ai remarqué que les gens qui ont eu des parents qui ont prié fidèlement pour eux semblent trouver plus tôt leur place dans la vie. Leur carrière ne « décolle » peut-être pas tout de suite, mais ils ont une raison d'être et un sens de leur destinée qui les propulse dans la bonne direction. Ils ne vivent pas dans la frustration et le vide que connaissent tant d'autres. Bien des parents ont plein de projets pour leurs enfants, mais pas assez ne cherchent à découvrir le plan de Dieu pour leur vie. Quand la vie d'un enfant est ainsi laissée au hasard, ce dernier risque d'errer longtemps à la recherche de sa vocation. Il ne devrait pas avoir besoin de passer par le doute, les tâtonnements et le désespoir dans sa quête pour trouver sa place dans la vie. Si votre mari a commencé sa vie sans un tel sens de direction, vos prières peuvent changer sa vie.

Si votre mari n'a pas eu de parents qui priaient pour lui, vous pouvez combler ce vide. Vous pouvez prier que ses yeux s'ouvrent pour voir ce que Dieu veut qu'il fasse, et qu'il le dirige. Vos prières l'aideront à se sentir apprécié et encouragé suffisamment pour qu'il sache qu'il a une certaine valeur, quoi qu'il soit amené à faire. Vous pouvez l'assurer du fait que Dieu lui a donné des talents et des capacités uniques et qu'il a de bonnes choses en réserve pour lui. Priez aussi que Dieu lui révèle et lui ouvre une porte que nul ne pourra fermer. Vos prières peuvent lui ouvrir un chemin nouveau.

Même si votre mari connaît déjà une carrière fructueuse, priez néanmoins que Dieu le place ou le garde où il le veut, et qu'il aplanisse son sentier. Mon mari est compositeur et producteur musical. Il m'a dit lui-même qu'il ressentait que mes prières l'avaient gardé de travailler avec de mauvais clients. Il n'a jamais travaillé avec quelqu'un de vraiment difficile, bizarre, mauvais, ou malveillant, ce qui tient du miracle dans ce milieu. Il savait que je priais toujours que Dieu le dirige vers les bonnes personnes et qu'il éloigne de son chemin ceux qui lui causeraient des ennuis. Certes, nos prières ne peuvent assurer un chemin jonché de roses à nos maris, mais elles peuvent contribuer à les guider afin de leur épargner bien des problèmes.

Si votre mari est un gros travailleur, veillez à ce qu'il ait des temps de repos et de détente où il puisse faire des choses qu'il aime et lui apportent un répit dans cette vie trépidante où il pourvoit aux besoins de sa famille. Les hommes ont besoin de temps de rafraîchissement. S'ils n'en ont pas, ils sont enclins à l'épuisement et à la tentation sous toutes ses formes. Vos prières peuvent aider votre mari à comprendre que le vrai sens de la vie ne découle pas de son travail, mais du fait de suivre Dieu. Prions que nos maris trouvent cet équilibre parfait.

Prière

Seigneur, je prie que tu bénisses le travail que mon mari fait de ses mains. Que son labeur ne lui apporte pas seulement faveur, réussite et prospérité, mais aussi une grande satisfaction. Si son travail n'est pas ce que tu veux dans ta volonté parfaite pour sa vie, révèle-le lui. Montre-lui ce qu'il devrait faire autrement et dirige-le sur le bon sentier. Accorde-lui de la force, la foi et une vision pour l'avenir afin qu'il s'élève au-dessus de toute tendance à la paresse. Qu'il ne fuie jamais son travail par peur, égoïsme, ou par désir d'éviter ses responsabilités. D'un autre côté, aide-le à voir qu'il n'a pas besoin de se tuer à la tâche à seule fin d'avoir l'approbation des hommes, ni de s'emparer d'un gain qui serait au-delà de ce que tu veux lui donner. Donne-lui la capacité de jouir de sa réussite sans en vouloir toujours davantage. Aide-le à exceller, mais libère-le de toute pression excessive.

Je prie que tu règnes sur son travail, et qu'il te fasse toute la place dans tous les domaines de son ouvrage. Donne-lui assez d'assurance dans les dons que tu lui as confiés pour qu'il soit capable de chercher, trouver et réaliser ce qui est bon dans son travail. Ouvre-lui des portes, des occasions que personne ne pourra refermer. Développe ses talents afin qu'ils soient de plus en plus féconds au fil des ans. Montre-moi ce que je peux faire pour l'encourager.

Je prie que son travail soit établi, stable, fructueux, satisfaisant, et récompensé financièrement. Qu'il ait du zèle, et non de la paresse;

qu'il soit fervent d'esprit, servant le Seigneur (Romains 12 : 11). Qu'il puisse être comme un arbre planté près de tes courants d'eau vive, et qui porte du fruit en sa saison. Qu'il ne se fane jamais sous la pression, mais qu'il croisse et prospère (Psaume 1 : 3).

Quelques précieuses ressources

« Si tu vois un homme habile dans son ouvrage, il se tient auprès des rois ; il ne se tient pas auprès des gens obscurs. »
Proverbes 22 : 29

« Ne te tourmente pas pour t'enrichir, n'y applique pas ton intelligence. Veux-tu poursuivre du regard ce qui va disparaître ? Car la richesse se fait des ailes, et comme l'aigle, elle prend son vol vers les cieux. »
Proverbes 23 : 4, 5

« Et que servirait-il à un homme de gagner tout le monde, s'il perdait son âme ? Ou, que donnerait un homme en échange de son âme ? »
Matthieu 16 : 26

« Quand les mains sont paresseuses, la charpente s'affaisse ; et quand les mains sont lâches, la maison a des gouttières. »
Ecclésiaste 10 : 18

« Que la grâce de l'Éternel, notre Dieu, soit sur nous ! Affermis l'ouvrage de nos mains, Oui, affermis l'ouvrage de nos mains !
Psaume 90 : 17

Chapitre Trois

Ses finances

La relation de votre mari avec ses finances est lourde de conséquences sur l'image qu'il a de lui-même et tout ce qu'il vit. Est-il généreux ou avare ? Est-il reconnaissant ou envieux des autres ? Perçoit-il l'argent comme une malédiction ou une bénédiction ? Est-il sage ou irréfléchi avec ce qu'il a ? Est-il d'accord avec vous quant à la gestion de vos finances ou est-ce un sujet de discorde entre vous ?

Rien ne met plus de pression sur un couple que l'irresponsabilité financière, le manque d'argent, ou le fait de crouler sous les dettes. Ce n'est que lorsque nous reconnaissons que tout ce dont nous disposons nous vient de Dieu et que nous cherchons à le laisser régner sur nos comptes que nous pourrons éviter les pièges que l'argent, ou le manque d'argent, nous tend.

Mon mari a toujours bien gagné sa vie, mais la nature même de son entreprise fait qu'il est souvent difficile de savoir ce qui va rentrer et quand ; ceci crée un climat d'incertitude pouvant osciller entre abondance et famine. Une année, il y eut une récession dans le monde de la musique, que tous ceux qui sont concernés ont pu ressentir. Même les compagnies qui nous devaient de l'argent retardaient leurs paiements faute de liquidités. Ce fut un temps éprouvant, mais cela aurait été bien pire si nous n'avions pas eu foi dans le Seigneur et si nos finances n'avaient pas été sous son contrôle. Notre paix était renforcée par le fait que nous savions que nous avions obéi à Dieu en versant notre dîme à notre église. *« Apportez à la maison du trésor toutes les dîmes, afin qu'il y ait de la nourriture dans ma maison ; mettez-moi de la sorte à l'épreuve, dit l'Éternel des armées, et vous verrez si je n'ouvre pas pour vous les écluses des cieux, si je ne répands pas sur vous la bénédiction en abondance »* (Malachie 3 : 10). Nous avions également été fidèles en donnant à des gens dans le besoin et dans la pauvreté. *« Heureux celui qui s'intéresse au pauvre ! Au jour du malheur l'Éternel le délivre. L'Éternel le garde et lui conserve la vie. Il est heureux sur la terre, et tu ne le livres pas au bon plaisir de ses ennemis »* (Psaume 41 : 1-2). Nous connaissions aussi les promesses de la Bible qui disent : *« Ceux qui cherchent l'Éternel ne sont privés d'aucun bien »* (Psaume 34 : 10). Nous étions certainement à l'écoute du Seigneur. Nous étions convaincus qu'en le considérant comme notre source et en vivant dans l'obéissance à ses commandements, il pourvoirait pour nous et que nous aurions tout ce dont nous avions besoin. C'est ce qu'il a fait, et nous sommes comblés.

Tant de problèmes d'argent peuvent être réglés par le simple fait de placer toutes nos finances sous la protection divine et d'en disposer selon ses directives. Cela signifie donner quand il nous demande de donner. Quand vous le faites, Dieu a promis de vous délivrer, vous protéger, vous bénir, vous guérir, et vous maintenir en vie. Quand vous ne le faites pas, vous vous exposez à vivre la détresse que connaît le pauvre : *« Celui qui ferme son oreille au cri du pauvre criera lui-même et n'aura point de réponse »* (Proverbes 21 : 13). Ne pas donner, c'est se priver de la capacité de jouir de ce que l'on a et nous mène à des difficultés qui nous suivent toute la vie.

Certes, il est vrai qu'il y a bien des gens riches qui ne donnent pas. Mais si vous observiez leur vie de plus près, vous verriez que bien des bénédictions de Dieu leur font défaut. Santé, protection, amour, paix et satisfaction leur échappent toujours sans qu'ils sachent pourquoi. Ils gagnent la richesse mais perdent la capacité d'en jouir. Tout cela parce qu'ils ne savent pas que la clé de la vie, c'est de connaître le Seigneur et de vivre dans ses voies. Cela signifie donner du temps, de l'énergie, de l'amour, du talent et de l'argent selon sa direction.

Priez que votre mari s'empare de cette clé et comprenne la volonté de Dieu concernant ses finances. Priez qu'il devienne généreux et content de vivre selon ses moyens sans toujours vouloir davantage. Je ne dis pas qu'il ne devrait pas essayer de gagner plus, tout au contraire. Un homme mérite de gagner ce qui correspond à son labeur et sa femme devrait prier pour que ce soit le cas. Une besogne fastidieuse qui amène à la pauvreté et à son cortège d'amertume, d'angoisse, de maladie et d'envie ne devrait pas être acceptée comme mode de vie habituel. Je vous invite instamment à prier que les greniers de Dieu s'ouvrent pour votre mari, mais priez afin que cela se fasse par la main de Dieu. *« C'est la bénédiction de l'Éternel qui enrichit, et il ne la fait suivre d'aucun chagrin »* (Proverbes 10 : 22).

La prière n'est certes pas un moyen infaillible pour éviter tout problème financier, Dieu utilisant parfois les finances pour attirer notre attention et nous apprendre des leçons. Mais vos prières contribueront certainement à protéger votre mari de bien des luttes inutiles et de la détresse. Le désir de Dieu est de bénir ceux qui sont obéissants, reconnaissants, généreux et qui trouvent leur trésor dans le Seigneur. *« Car là où est ton trésor, là aussi sera ton cœur* » (Matthieu 6 : 21). Dieu veut que votre mari trouve son trésor en lui, et non dans son argent.

Prière

Seigneur, je te consacre tout notre argent. Sois-en le maître et utilise-le à tes fins. Puissions-nous être tous les deux de bons gestionnaires de tout ce que tu nous confies, et marcher en plein accord dans la façon de le dépenser. Je prie que nous apprenions à vivre libres de toute dette trop lourde à porter. Là où nous avons manqué de sagesse, amène la restauration et accorde-nous ton conseil. Montre-moi comment je peux améliorer notre condition financière au lieu de dépenser de façon inconsidérée. Aide-nous à nous souvenir que tout ce que nous avons t'appartient, et à en être reconnaissant.

Je prie que *(le nom de mon mari)* trouve facile de donner pour ton œuvre et aux autres comme tu nous l'enseignes dans ta Parole. Donne-lui de la sagesse afin de bien gérer notre argent. Aide-le à prendre de bonnes décisions dans la gestion de notre argent. Montre-lui comment planifier pour l'avenir. Je prie qu'il trouve un parfait équilibre afin que nous ne dépensions pas inconsidérément pas plus que nous ne vivions chichement. Puisse-t-il toujours être bien payé pour le travail qu'il accomplit, et que cet argent puisse ne pas être volé, perdu, dévoré, détruit ou gaspillé. Multiplie-le afin que ce qu'il gagne puisse durer. Je prie qu'il ne soit pas anxieux concernant nos finances, mais qu'il cherche d'abord ton royaume, sachant que, ce faisant, nous aurons tout ce dont nous avons besoin (Luc 12 : 31).

Quelques précieuses ressources

« Et vous, ne cherchez pas ce que vous mangerez et ce que vous boirez, et ne soyez pas inquiets. Car toutes ces choses, ce sont les païens du monde qui les recherchent. Votre Père sait que vous en avez besoin. Cherchez plutôt le royaume de Dieu ; et toutes ces choses vous seront données par-dessus. »

Luc 12 : 29-31

« Mais, si Dieu a donné à un homme des richesses et des biens, s'il l'a rendu maître d'en manger, d'en prendre sa part, et de se réjouir au milieu de son travail, c'est là un don de Dieu. »

Ecclésiaste 5 : 19

« Celui qui donne au pauvre n'éprouve pas la disette, mais celui qui ferme les yeux est chargé de malédictions. »

Proverbes 28 : 27

« J'ai été jeune, j'ai vieilli ; et je n'ai point vu le juste abandonné, ni sa postérité mendiant son pain. » Psaume 37 : 25

« Et mon Dieu pourvoira à tous vos besoins selon sa richesse, avec gloire, en Jésus-Christ. » Philippiens 4 : 19

CHAPITRE QUATRE

Sa sexualité

Dans ce livre, nous commençons d'emblée par les grandes priorités dans la vie d'un homme.

Je crois que si nous pouvons contribuer au bonheur de notre mari dans ces domaines qui sont chers à son cœur, nous pourrons aussi mieux le rejoindre dans d'autres domaines cruciaux en vue de leur bien-être.

Après avoir prié pendant vingt ans avec bien des femmes pour leur mariage, qu'il soit en situation d'échec, de difficulté, de frustration ou sans espoir, j'ai souvent remarqué que la dimension de la sexualité leur semble d'une importance toute relative. Non pas que les femmes ne se préoccupent pas du tout de cet aspect de leur vie ; c'est juste qu'il y a tant d'autres choses réclamant leur attention : les enfants à élever, le travail, les finances, la maison à tenir, le stress émotionnel, l'épuisement, la maladie et les disputes familiales. Pour l'épouse qui doit jongler avec ces priorités, le sexe peut finir par rejoindre la fin de la liste. Pour une raison ou l'autre, certaines épouses laissent passer des semaines, puis des mois, six mois, un an et plus encore, sans avoir de rapports sexuels avec leur mari. Quand le désastre survient, elles sont tout étonnées. La femme peut s'être accommodée de cette situation, mais son mari a vu un élément important de son être négligé.

Pour une femme, le sexe est lié à la relation affective. Elle ne se sent donc pas « affective » quand son homme la met en colère, la blesse, la néglige, la déçoit, qu'il la délaisse au profit de son travail, qu'il ne la soutient pas, ou l'abandonne. Mais pour l'homme, le sexe est un besoin en soi. Ses yeux, ses oreilles, son cerveau, et ses émotions sont comme embués s'il n'a pas ce moyen de se libérer. Il a du mal à entendre tout ce que dit sa femme ou à voir ses besoins quand ce domaine de sa vie est négligé. Les épouses considèrent souvent le problème à l'envers. Elles se disent : « On passera au sexe quand on aura réglé nos autres problèmes. » Mais il y a bien plus de chances à ce que vous puissiez les régler après avoir fait place au sexe.

C'est pour cela qu'il est important de faire des relations sexuelles une des priorités de votre mariage. La question n'est pas de savoir si les conditions sont idéales ou si vous en avez envie ; la question est de savoir si vous voulez répondre aux besoins de votre mari et garder ainsi ouvertes les lignes de communication. Un homme peut facilement se sentir insignifiant, abattu, découragé, détruit, ou tenté dans ce domaine de son être. Il n'y a probablement pas de moyen de satisfaire un homme qui soit plus important, et dans lequel il soit plus vulnérable.

Les problèmes sexuels sont très communs parce que bien des femmes ne saisissent pas la perspective divine à ce sujet. Mais la Bible est on ne peut plus claire : *« Ce n'est pas la femme qui dispose de son corps, c'est son mari. De même, ce n'est pas le mari qui dispose de son corps, c'est sa femme. Ne vous privez point l'un de l'autre, si ce n'est d'un commun accord pour un temps, afin de vaquer à la prière ; puis retournez ensemble, de peur que Satan ne vous tente en raison de votre manque de maîtrise* » (1 Corinthiens 7 : 4-5). Les relations sexuelles entre un homme et une femme sont l'idée de Dieu. À moins de jeûner et de prier pendant des semaines d'affilée, que vous ayez quelque problème de santé, ou que vous ne soyez séparés, il n'y a pas d'excuse pour ne pas s'y livrer régulièrement.

Si nous sommes mariés, nos corps ne nous appartiennent pas. Nous nous devons mutuellement de l'attention physique et nous ne devons pas nous priver l'un de l'autre. La fréquence des rapports sexuels dépend des besoins de *l'autre*, et non pas seulement du nôtre. Si votre attitude concernant le sexe se limite à vous préoccuper de ce dont *vous* avez besoin ou de ce que *vous* ne voulez pas, alors vous ne voyez pas les choses du point de vue de Dieu. Il nous dit que notre corps est là pour réconforter et compléter *l'autre* personne. Quand ce besoin est satisfait dans la vie d'un homme, l'homme et le couple en sont renforcés. Quelque chose est affaibli quand, par contre, ce besoin est ignoré. Vous vous exposez alors à la tentation, et à des dégâts bien plus grands que vous ne l'imaginez quand vous négligez cette dimension intime de la communication. Cela peut arriver à n'importe qui, et c'est pourquoi il est important de couvrir ce domaine de votre vie de couple et la sexualité de votre mari dans la prière. Mieux vaut prier pour cela *avant* que cela ne devienne une nécessité absolue.

Si votre mari désire avoir des relations sexuelles plus fréquemment et que vous freinez ses ardeurs, priez Dieu de vous aider à changer votre comportement. J'ai trouvé personnellement que la question des rapports sexuels est particulièrement difficile quand les enfants sont petits et que vous n'avez pas beaucoup de temps pour vous-mêmes. Quand vient l'heure de les coucher, vous êtes épuisée et prête à tomber dans votre lit, morte de fatigue. Vous n'avez qu'une envie, c'est de vous endormir le plus tôt possible, tandis que votre mari a d'autres plans… Une option consiste à le refroidir tout de suite en lui disant : « Laisse tomber.

Je suis fatiguée » ou de lui faire bien sentir que vous n'en pouvez plus en espérant qu'il dise : « Pas de problème. Repose-toi… » Vous pouvez aussi manifester une attitude désagréable qui l'amènera à se sentir coupable ou le mettra en colère.

Mais j'ai trouvé une quatrième option qui fonctionne beaucoup mieux. Essayez-la et voyez si ça marche pour vous…

Quand votre mari vous fait sentir ce qu'il veut, comme seul un homme est capable de le faire, ne levez pas les yeux au ciel en soupirant. Dites plutôt : « D'accord. Donne-moi un quart d'heure. » (ou dix minutes, ou vingt, selon le temps qu'il vous faut !) Pendant ce temps-là, faites ce que vous pouvez pour vous rendre le plus attrayante possible. Par exemple, prenez une douche ou un bain relaxant. Utilisez une bonne lotion ou son parfum préféré (réservez ce parfum à ces moments spéciaux que vous partagez avec lui seul). Peignez-vous. Lavez-vous le visage et soignez votre peau. Faites-vous belle pour lui, puis mettez des vêtements dans lesquels vous savez qu'il vous trouve irrésistible. Ne vous souciez pas de vos imperfections : il n'y pense même pas. Si vous êtes trop préoccupée par tel ou tel défaut de votre corps, habillez-vous de façon à couvrir cette partie qui vous déplaît. Tout en vous préparant, priez que Dieu renouvelle votre énergie, vos forces, votre vitalité, et une bonne attitude. Tout porte à penser que votre mari trouvera que ça valait la peine d'attendre. Il n'en sera que plus heureux et vous n'en dormirez que mieux tous les deux. Il s'agit là d'un petit investissement de votre temps qui pourrait bien rapporter de grandes récompenses dans votre vie de couple.

Il arrive que la situation soit inversée, et que les besoins sexuels de la femme soient négligés par son mari. Son manque d'intérêt peut être dû à toutes sortes de raisons : physique, mentale, ou émotionnelle. Mais s'il se satisfait de passer des mois sans relations sexuelles, quelque chose ne va pas. Si ce n'est pas un problème physique, peut-être est-ce un profond sentiment d'échec, de déception, de dépression, ou de désespoir qui a besoin d'être réglé. La prière peut aider à révéler la cause du problème et à le régler. Si c'est nécessaire, allez consulter un professionnel. Cela coûte moins cher qu'un divorce ou que les ravages physiques, mentaux et émotionnels que produit un mariage moribond. Ne permettez pas à des émotions négatives telles que le ressentiment, l'amertume, l'apitoiement sur soi et le manque de pardon s'accumuler en vous.

Maintenez-vous en bonne santé et attrayante. Si vous n'avez pas une assez bonne image de vous-même pour prendre soin de votre corps, faites-le comme un acte de bonté envers *lui*. Ayez des vêtements qui *lui* plaisent et mettez-les quand vous êtes avec lui. Adoptez une nouvelle coiffure. Étonnez-le par une attitude différente. Ressourcez-vous mentalement. En gros, *ne restez pas là à ne rien faire !*

Quand la sexualité dans le mariage est négligée, toutes sortes de mauvaises choses se développent. Ne laissez pas cela arriver chez vous. Gardez un œil sur le calendrier et refusez de laissez passer trop de temps sans vous unir physiquement. Si cela fait longtemps que vous ne l'avez pas fait, demandez à Dieu de vous montrer pourquoi et comment remédier à la situation. N'oubliez pas non plus qu'il n'est jamais trop tard pour prier pour la pureté sexuelle, quoi qui ait pu arriver dans vos passés respectifs. Il arrive que des problèmes sexuels surviennent dans un couple à cause d'expériences sexuelles vécues avant le mariage. Priez que Dieu vous guérisse et vous libère de ces souvenirs. La pureté peut revenir dès l'instant où elle peut prendre racine dans votre cœur.

Tout commence par la prière. Ne mettez pas en péril ce que Dieu a en réserve pour votre couple en négligeant de prier pour ce domaine vital de votre vie.

Prière

Seigneur, bénis mon mari dans sa sexualité et permets qu'il soit heureux et épanoui dans ce domaine de sa vie. Restaure ce qui a besoin d'être restauré, équilibre ce qui a besoin d'être équilibré. Garde-nous de l'apathie, de la déception, de la critique, de l'activisme, du refus de pardonner, de la léthargie, de l'indifférence. Je prie que nous puissions nous consacrer du temps l'un à l'autre, que nous puissions communiquer ouvertement nos sentiments et être sensibles aux besoins l'un de l'autre.

Garde-nous dans la pureté sexuelle, dans nos pensées comme dans nos corps et ferme la porte à tout ce qui relève de la convoitise et de l'impureté qui pourraient vouloir nous envahir. Délivre-nous des liens de nos fautes passées. Affranchis-nous des effets de toute expérience sexuelle, en pensée ou en acte, que nous avons vécue en dehors du mariage. Libère nos vies de tout et de quiconque pourrait nous inciter à l'infidélité. Aide-nous à nous *« abstenir de la débauche »*, afin que *« chacun de nous sache posséder son corps dans la sainteté et l'honnêteté »* (1 Thessaloniciens 4 : 3-5). Je prie que nous puissions porter nos désirs l'un sur l'autre et sur personne d'autre. Montre-moi comment me rendre attrayante et désirable à ses yeux et à être la partenaire dont il a besoin. Je prie que ni lui ni moi ne soyons jamais tentés d'aller trouver notre satisfaction ailleurs.

Je réalise que la sexualité fait partie de mon ministère envers mon mari. Aide-moi à ne jamais l'utiliser comme une arme ou un moyen de manipulation en me donnant ou en le privant de moi pour des raisons égoïstes. Seigneur, je te consacre ce domaine de ma vie. Permets que je sois continuellement renouvelée. Permets que la sexualité soit pour nous tout ce pour quoi tu l'as créée.

Quelques précieuses ressources

« Fuyez la débauche. Quelque autre péché qu'un homme commette, ce péché est hors du corps ; mais celui qui se livre à la débauche pèche contre son propre corps. Ne savez-vous pas que votre corps est le temple du Saint-Esprit qui est en vous, que vous avez reçu de Dieu, et que vous ne vous appartenez point à vous-mêmes ? Car vous avez été rachetés à un grand prix. Glorifiez donc Dieu dans votre corps et dans votre esprit, qui appartiennent à Dieu. » 1 Corinthiens 6 : 18-20

« Mais le corps n'est pas pour la débauche. Il est pour le Seigneur, et le Seigneur pour le corps. » 1 Corinthiens 6 : 13

« Bois les eaux de ta citerne, les eaux qui sortent de ton puits. Tes sources doivent-elles se répandre au-dehors ? Tes ruisseaux doivent-ils couler sur les places publiques ? Qu'ils soient pour toi seul, et non pour des étrangers avec toi. Que ta source soit bénie, et fais ta joie de la femme de ta jeunesse, biche des amours, gazelle pleine de grâce, sois en tout temps enivré de ses charmes, sans cesse épris de son amour. » Proverbes 5 : 15-19

Chapitre Cinq

Son affection

Luc et Catherine étaient mariés depuis déjà pas mal d'années quand elle lui a enfin parlé sérieusement de son manque d'affection. Luc était par ailleurs un excellent mari, et leurs relations physiques étaient bonnes, mais en dehors de ces moments d'intimité, il n avait pas de marques d'affection. Ce n'était pas que Luc n'aimait pas Catherine : en fait, il l'adorait. C'était juste qu'il avait lui-même grandi sans savoir ce que c'était. Catherine se sentait coupable d'éprouver cette frustration et ne voulait ni critiquer ni blesser Luc, mais c'est précisément parce qu'elle aussi n'avait pas connu d'affection dans son enfance qu'elle en avait d'autant plus besoin dans son couple. Chaque fois qu'elle lui parlait franchement de ce problème, il essayait de changer, mais au bout de peu de temps, tout redevenait comme avant. Ceci les amena à une profonde frustration et à de profondes blessures.

Catherine finit par désespérer, se sentant comme mourante intérieurement. Elle ne pouvait pas concevoir de passer le restant de ses jours sans affection, mais elle ne voyait aucun signe d'espoir de voir Luc changer dans ce domaine.

Poussée par sa détresse, Catherine finit par partager ce problème avec ses partenaires de prière. Elles l'entourèrent et prièrent avec elle chaque semaine, et Dieu agit dans la vie de Catherine. Le Seigneur lui montra qu'elle devait enfin lui obéir dans certains domaines précis de la vie comme une meilleure alimentation et l'exercice physique, ce à quoi elle avait toujours été rebelle jusque-là. Quand elle s'est soumise totalement à Dieu dans ce domaine et qu'elle s'est mise à faire ce qu'il lui avait montré, elle commença à se sentir mieux dans sa peau et à réaliser qu'elle méritait d'être traitée de façon affectueuse par son mari. Elle n'avait pas de raison de se sentir coupable à vouloir son affection car le Seigneur voulait qu'il en soit ainsi. Elle se sentit rapidement conduite par Dieu à reparler franchement avec Luc. Mais cette fois, ce serait différent, car elle était désormais conduite par le Saint-Esprit, et elle et ses partenaires de prière avaient intercédé pour une transformation miraculeuse chez Luc.

« Il m'a fallu du courage pour oser remettre le sujet sur le tapis, m'avoua-t-elle. J'avais peur qu'on en arrive au divorce tant nous étions tous les deux blessés et ne voyions aucun espoir de solution en nous-mêmes. Mais Dieu me donna la capacité de lui parler avec amour pour lui dire ce qui devait être dit ; cette conversation amena une percée immédiate. »

« Le point tournant, se souvient Luc, fut quand Catherine m'a dit “Chéri, comment quelqu'un d'aussi merveilleux que toi, avec toutes tes qualités, quelqu'un que j'aime et en qui j'ai pleinement confiance, peut-il être incapable de me manifester de l'affection ?”

« Parce que j'ai prononcé des paroles qui lui faisaient prendre confiance en lui-même, expliqua Catherine, cela l'aida à reprendre confiance et à croire que cela valait la peine d'essayer une fois encore. »

Cette fois, Luc s'y prit autrement. Il prit le problème et le partagea avec le groupe de prière d'hommes dont il faisait partie, qui se rallia immédiatement autour de lui. Non seulement ils l'ont soutenu chaque jour dans la prière, mais ils l'engagèrent à manifester son affection quotidiennement à Catherine d'une façon ou d'une autre et à leur rendre compte des progrès.

« J'ai accepté volontiers car je voulais vraiment changer, dit Luc. J'aime Catherine et je m'en veux de lui faire du mal. Je voulais changer et je savais qu'une véritable transformation ne pouvait se produire que par le Saint-Esprit. »

Chaque jour pendant plusieurs semaines, un des hommes du groupe appelait Luc et lui disait : « Comment as-tu manifesté ton affection à Catherine aujourd'hui ? » Ils lui suggéraient aussi des façons de lui montrer de l'affection et de l'encouragement. Ils lui dirent de demander régulièrement à Catherine s'il faisait des progrès. Pour quelqu'un dont le cœur n'a pas été préparé par le Saint-Esprit, cela pourrait être assez exaspérant. Mais parce que Luc accueillait volontiers l'action du Seigneur dans sa vie, cela n'était pas un fardeau.

« À présent, dès qu'il rentre, il m'enlace et m'embrasse, dit Catherine, radieuse. Après cinq baisers, j'ai l'impression d'être une nouvelle personne ! »

La situation de Luc et Catherine n'a rien d'exceptionnel. Bien des gens, aussi fidèles soient-ils dans leur foi, vivent des mariages moribonds faute d'affection. Bien des femmes endurent cet état de fait parce que leur mari est bon envers elles sur bien d'autres plans, ou qu'elles ne se sentent pas dignes de demander davantage d'affection.

Mais ce n'est pas ainsi que Dieu a conçu la relation dans le couple. *« Que le mari rende à sa femme ce qu'il lui doit, et que la femme agisse de même envers son mari »* (1 Corinthiens 7 : 3). Il y a *« un temps pour embrasser »* dit la Bible (Ecclésiaste 3 : 5). Quand on est marié, c'est le moment ou jamais. L'affection ne vient pas en tête de liste dans ses priorités parce que les hommes voient souvent le sexe et l'affection comme étant une seule et même chose. Le plus grand besoin d'une femme, c'est de l'affection. Si votre couple en manque, priez afin que le Saint-Esprit vous transforme.

Prière

Seigneur, je te prie pour une affection physique ouverte entre mon mari et moi. Rends chacun de nous capable de ne pas être trop préoccupé de notre propre personne, mais plutôt de nous manifester généreusement notre affection. Aide-nous à démontrer à quel point nous nous aimons et nous apprécions l'un l'autre. Rappelle-nous chaque jour et tout le long de la journée de nous toucher, et de nous montrer notre affection d'une façon ou d'une autre. Aide-nous à ne pas être froids, renfermés, absents ou distants. Rends-nous capables d'être chaleureux, tendres, attentionnés, pleins d'amour et de passion. Brise toute dureté dans nos têtes et dans nos cœurs afin que nous acceptions de changer et de grandir ainsi. Si l'un de nous deux est moins affectueux au détriment de l'autre, amène-nous à un bon équilibre.

Là où le manque d'affection a semé une vision négative du mariage chez nos enfants, ou leur a appris une mauvaise façon de traiter son conjoint, aide-nous à leur montrer un meilleur exemple afin qu'ils puissent le reproduire. Montre-nous comment confesser ouvertement nos erreurs devant eux et à leur montrer notre engagement à vivre notre relation autrement.

Change nos habitudes d'indifférence ou d'hyperactivité. Puissions-nous ne pas nous prendre mutuellement pour acquis au point de ne pas faire l'effort d'aller l'un vers l'autre pour nous manifester notre affection. Aide-nous à ne pas affaiblir notre couple par négligence de cet élément vital de la communication. Je te prie de nous aider à toujours nous *« saluer l'un l'autre par un baiser d'affection* » (1 Pierre 5 : 14). Je sais que seule la puissance transformatrice du Saint-Esprit peut réaliser en nous des changements durables. Je te fais confiance pour nous transformer et faire de nous le mari et la femme que tu nous appelles à être.

Quelques précieuses ressources

« Si donc il y a quelque consolation en Christ, s'il y a quelque soulagement dans l'amour, s'il y a quelque communion d'esprit, s'il y a quelque compassion et quelque miséricorde, rendez ma joie parfaite, ayant un même sentiment, un même amour, une même âme, une même pensée. » Philippiens 2 : 1-2

« C'est ainsi que le mari doit aimer sa femme comme son propre corps. Celui qui aime sa femme s'aime lui-même. Car jamais personne n'a haï sa propre chair, mais il la nourrit et en prend soin, comme Christ le fait pour l'Église. »
Éphésiens 5 : 28,29

« Que chacun de vous, au lieu de considérer ses propres intérêts, considère aussi ceux des autres. » Philippiens 2 : 4

« Que sa main gauche soit sous ma tête, Et que sa droite m'embrasse ! » Cantique des Cantiques 2 : 6

« Que personne ne cherche son propre intérêt, mais que chacun cherche celui d'autrui » 1 Corinthiens 10 : 24

CHAPITRE SIX

Ses tentations

Depuis que Michael et moi sommes mariés, j'ai toujours prié que Dieu nous garde face aux tentations de la vie. Je ne sais pas si c'est dû à nos prières ou au fait que nous nous sommes toujours tenus sur nos gardes, mais nous n'avons jamais eu à douter l'un de l'autre un seul instant. Je suis sûre que nous le devons plus à la main de Dieu qu'à la force de notre discipline, mais les deux sont importants.

Je connais plusieurs couples qui ont connu l'adultère, mais dans chaque cas, parce que l'épouse a accepté de prier et que le mari a voulu permettre à Dieu de le changer et de le restaurer, ces couples sont aujourd'hui encore intacts et épanouis. Seule la prière d'un cœur soumis et la puissance transformatrice du Saint-Esprit peuvent réaliser des miracles de cette sorte.

J'ai une autre amie dont le mari a eu de nombreuses aventures avant qu'ils ne finissent par divorcer. Chaque fois, c'était avec l'une ou l'autre de ses meilleures amies. Je mets en doute la façon dont elle choisissait ses « amies », mais je n'ai jamais douté de la sincérité de sa foi et de sa consécration dans la prière. Elle savait prier. Mais un cœur qui refuse d'écouter les appels du Saint-Esprit ne changera pas, malgré toutes les prières.

La tentation est aujourd'hui omniprésente, et nous sommes bien naïves si nous pensons que notre mari ne peut pas être séduit sous une forme ou une autre. La Bible dit : *« Les yeux de l'homme sont insatiables »* (Proverbes 27 : 20). Si cela est vrai, la tentation est toujours une possibilité et nous devons toujours être sur le qui-vive. Certaines personnes sont tentées par l'alcool et les drogues, d'autre part la convoitise ou l'avidité ou encore la soif de puissance. D'autres deviennent dépendants de la nourriture, de la pornographie, ou de la débauche et sont incapables de résister à leurs attraits. L'ennemi de nos âmes sait où notre chair est la plus faible, et mettra sur notre chemin des tentations alors même que nous serons le plus vulnérable. La question n'est donc pas de savoir si nous serons tentés, mais comment nous réagirons quand elle surviendra. Je vous recommande d'y faire face par la prière du début à la fin. Si la prière ne peut pas empêcher un homme de faire quelque chose qu'il est déterminé à faire, elle peut réduire les voix de la tentation et renforcer notre détermination à la surmonter. La prière peut ouvrir la voie qui mène à de bons choix.

La Bible dit que Dieu ne nous tente pas. Ce sont nos *désirs* qui nous attirent et nous séduisent. Ce sont nos désirs qui nous poussent à pécher et à introduire la mort dans nos vies. Mais *« Heureux l'homme qui supporte patiemment la tentation ; car, après avoir été éprouvé, il recevra la couronne de vie, que le Seigneur a promise à ceux qui l'aiment »* (Jacques 1 : 12). Dieu veut que nous triomphions de la tentation parce qu'il désire nous bénir. Mais il souhaite voir s'il peut nous faire confiance pour faire de bons choix afin de surmonter nos désirs charnels. Il nous donnera une issue si nous la désirons assez pour rechercher son secours.

Le meilleur moment pour commencer à prier à ce sujet, c'est sûrement avant que quoi que ce soit n'arrive. Jésus enseigna ainsi ses disciples : *« Priez, afin que vous ne tombiez pas en tentation »* (Luc 22 : 40). Il nous dit aussi : *« Veillez et priez, afin que vous ne tombiez pas en tentation ; l'esprit est bien disposé, mais la chair est faible »* (Marc 14 : 38).

Si votre mari lutte dans certains domaines, priez afin qu'il ait assez de partenaires de prière fidèles avec lesquels il pourra partager ouvertement ses combats, leur être redevable et recevoir la prière. Le fait de confesser ouvertement notre péché devant Dieu et nos frères et sœurs contribue plus que tout à minimiser la puissance du tentateur.

Malheureusement, bien des hommes sont réticents à révéler les domaines dans lesquels ils sont le plus tentés, se fermant ainsi à ce qui pourrait devenir leur protection.

Si après avoir prié avec persévérance, votre mari persiste à tomber dans les mains de la tentation, ne portez pas le blâme. La décision finale lui appartient. Il a choisi de marcher selon la chair et non selon l'Esprit. *« Je dis donc, marchez selon l'Esprit, et vous n'accomplirez pas les désirs de la chair. Car la chair a des désirs contraires à ceux de l'Esprit, et l'Esprit en a de contraires à ceux de la chair ; ils sont opposés entre eux, afin que vous ne fassiez point ce que vous voudriez »* (Galates 5 : 16,17). N'arrêtez pas pour autant de prier pour lui. Aussi désespérée que la situation puisse sembler quand vous le voyez encore et encore face à la tentation, sachez que Dieu a pourvu un moyen d'échapper et que vous pourriez bien être l'instrument qu'il veut utiliser pour l'aider à le trouver. S'il n'y a pas de problème de tentation dans votre couple, soyez en reconnaissants et priez qu'il en soit toujours de même.

Prière

Seigneur, je te prie de fortifier mon mari afin qu'il résiste à toute tentation qui se présente sur sa route.

Enlève toute mauvaise pensée de son esprit avant qu'elle n'atteigne son cœur et qu'il n'y succombe. Ne le laisse pas tomber dans la tentation, mais délivre-le du mal : adultère, pornographie, drogue, alcool, dépendance de la nourriture, jeux d'argent, et autres perversions. Écarte-le de la tentation, surtout dans le domaine de *(nommer une tentation spécifique).* Rends-le fort là où il est faible. Aide-le à s'élever au-dessus de tout ce qui s'érige en forteresse sur sa vie. Qu'il puisse dire : *« Je ne mettrai rien de mauvais devant mes yeux ; je hais la conduite des pécheurs ; elle ne s'attachera point à moi »* (Psaume 101 : 3).

Seigneur, tu as dit : « *Comme une ville forcée et sans murailles, ainsi est l'homme qui n'est pas maître de lui-même* » (Proverbes 25 : 28). Je prie que *(nom du mari)* ne soit pas brisé par la puissance du mal, mais plutôt relevé par la puissance de Dieu. Établis une muraille de protection autour de lui. Remplis-le de ton Saint-Esprit et emporte au loin tout ce qui n'est pas de toi. Aide-le à se prendre en charge et à se maîtriser afin de résister à tout et quiconque deviendrait pour lui une occasion de chute. Qu'il puisse avoir le mal en horreur et s'attacher fortement au bien (Romains 12 : 9).

Je prie qu'il éprouve de la répugnance pour toute situation de tentation. Donne-lui le courage de les rejeter. Apprends-lui à marcher par l'Esprit afin qu'il n'accomplisse pas les volontés de la chair.

Quelques précieuses ressources

« Que personne, lorsqu'il est tenté, ne dise, c'est Dieu qui me tente. Car Dieu ne peut être tenté par le mal, et il ne tente lui-même personne. Mais chacun est tenté quand il est attiré et amorcé par sa propre convoitise. Puis la convoitise, lorsqu'elle a conçu, enfante le péché ; et le péché, étant consommé, produit la mort. »

Jacques 1 : 13-15

« Aucune tentation ne vous est survenue qui n'ait été humaine, et Dieu, qui est fidèle, ne permettra pas que vous soyez tentés au-delà de vos forces ; mais avec la tentation il préparera aussi le moyen d'en sortir, afin que vous puissiez la supporter. »

1 Corinthiens 10 : 13

« Marchons honnêtement, comme en plein jour, loin des orgies et de l'ivrognerie, de la luxure et de la débauche, des querelles et des jalousies. Mais revêtez-vous du Seigneur Jésus-Christ, et n'ayez pas soin de la chair pour en satisfaire les convoitises. »

Romains 13 : 13-14

« Mais ceux qui veulent s'enrichir tombent dans la tentation, dans le piège, et dans beaucoup de désirs insensés et pernicieux qui plongent les hommes dans la ruine et la perdition. Or, les œuvres de la chair sont évidentes ; ce sont la débauche, l'impureté, le dérèglement, l'idolâtrie, la magie, les rivalités, les querelles, les jalousies, les animosités, les disputes, les divisions, les sectes, l'envie, l'ivrognerie, les excès de table, et les choses semblables. Je vous dis d'avance, comme je l'ai déjà dit, que ceux qui commettent de telles choses n'hériteront point le royaume de Dieu. »

Galates 5 : 19-21

CHAPITRE SEPT

Ses pensées

Il fut un temps où j'attribuais toutes les luttes mentales de mon mari à son génie musical. Vous connaissez le tempérament de l'artiste : brillant et dynamique d'un côté, sombre et morose de l'autre. Quand il se sentait mal, les pensées de son esprit lui disaient qu'il allait échouer, qu'il ne valait rien, et qu'il était incapable de faire ce qu'il devait faire. C'était sans fondement dans la réalité parce qu'il pouvait être animé de ces mêmes pensées au beau milieu du projet le plus productif et réussi. J'ai mis longtemps à réaliser que ces batailles mentales qu'il endurait n'étaient pas juste le fait de son caractère. Il n'était d'ailleurs pas voué à les combattre tout seul. Si lui et moi ne faisions qu'un, alors un assaut porté sur ses pensées était aussi porté contre les miennes. Je pouvais me tenir avec lui sur le champ de bataille et déclarer : « Ce n'est pas Dieu qui parle ainsi à mon mari, mais c'est la voix de l'ennemi. Je ne vais pas rester là les bras croisés pendant que l'ennemi joue à ce jeu mortel avec ses pensées et avec nos vies. »

J'ai donc décidé de faire ma propre expérience et de *« tenir ferme contre les ruses du diable »* en sa faveur (Éphésiens 6 : 11). Après tout, la Bible dit : *« Faites en tout temps par l'Esprit toutes sortes de prières et de supplications. Veillez à cela avec une entière persévérance, et priez pour tous les saints »* (Éphésiens 6 : 18). « Tous les saints » est certainement une catégorie de personnes qui inclut mon mari. J'ai ainsi persévéré dans la prière pour lui dans les mois qui suivirent, et je fus émerveillée de voir les résultats. Non seulement contrôla-t-il mieux ses pensées, mais j'ai même pu voir les assauts de l'adversaire avant qu'ils n'arrivent et contre-attaquer dans la prière avant que l'ennemi n'ait une certaine emprise. Plus il m'a vue prier pour lui, plus il a réalisé d'où venaient tous ces mensonges et moins il a voulu les croire.

En voyageant de par le pays pour y enseigner, j'ai eu l'occasion de parler avec toutes sortes de femmes. J'ai été étonnée de voir à quel point ce problème est universel. En fait, quel que soit leur tempérament ou leur arrière-plan, les maris semblent devoir affronter ce même type de mensonges. J'ai fini par réaliser que les hommes ont tous un ennemi commun qui veut dévaloriser ce que Dieu veut faire de leur vie. Les femmes ont le même adversaire, mais les hommes semblent plus vulnérables à ses attaques dans certains domaines. Même l'homme le plus fort peut finir par être épuisé, submergé, accablé, désespéré, ou embarqué dans des affaires qui le tiennent éloigné de la présence de Dieu. Il ne voit pas toujours les pièges de l'ennemi qui veut lui faire croire que ce qu'il affronte est une montagne insurmontable. Son esprit se remplit alors de mots tels que « désespéré », « bon à rien », « échec », « impossible », « fini » et « à quoi bon essayer ». Une épouse peut prier que son mari discerne les mensonges et entende plutôt des mots tels que « espoir », « prospérité », « possibilité », « succès » et « nouveau commencement », en sachant qu'ils viennent de Dieu.

Les deux armes les plus puissantes contre les attaques du mensonge dans la pensée de votre mari sont la Parole de Dieu et la louange. *« Car la parole de Dieu est vivante et efficace, plus tranchante qu'une épée quelconque à deux tranchants, pénétrante jusqu'à partager âme et esprit, jointures et moelles ; elle juge les sentiments et les pensées du cœur »* (Hébreux 4 : 12). En prononçant la Parole de Dieu, vous pouvez démasquer de mauvaises pensées et leur enlever ainsi tout pouvoir. Si votre mari ne le fait pas pour lui-même, vous pouvez néanmoins confesser la Parole de Dieu sur sa vie, en sa présence ou seule dans la prière, et voir des résultats positifs. Je l'ai fait pour mon mari bien des fois et il peut rendre témoignage que cela a été efficace. Je lui rappelle parfois que Dieu ne lui a pas donné un esprit de crainte, mais de force, d'amour et de sagesse, c'est-à-dire une pensée saine (littéralement : de sobre bon sens) (2 Timothée 1 : 7). Je lui dis que je prie pour lui afin que cette pensée saine l'anime en tout temps.

La louange est aussi un outil puissant car la présence de Dieu demeure parmi nous quand nous l'adorons. Dans sa présence se trouvent la guérison et la transformation de nos vies. *« Car ayant connu Dieu, ils ne l'ont point glorifié comme Dieu, et ne lui ont point rendu grâces ; mais ils se sont égarés dans leurs pensées, et leur cœur sans intelligence a été plongé dans les ténèbres »* (Romains 1 : 21). Vous ne voulez pas que des pensées futiles accaparent l'esprit de votre mari ? Louez Dieu en confessant une pensée saine en faveur de votre mari, et il pourra discerner quelles sont les pensées à accueillir et à celles à rejeter.

La dépression, l'amertume, la colère, la peur, le rejet, le désespoir, la solitude, la rébellion, la tentation, le mal et bien des maladies commencent dans nos pensées, dans notre esprit. Ces choses peuvent prendre le contrôle de nos vies à moins que nous ne contrôlions d'abord nos pensées.

C'est pour cela que Dieu nous enseigne de ne pas prendre tout ce qui nous est dit comme étant la vérité. *« J'ai tendu mes mains tous les jours vers un peuple rebelle, qui marche dans une voie mauvaise, au gré de ses pensées »* (Ésaïe 65 : 2). Il veut que nous prenions part à ses pensées. *« Nous (qui croyons) avons la pensée de Christ »* (1 Corinthiens 2 : 16). Prions pour nos maris afin qu'ils reçoivent la pensée de Christ et qu'ils amènent toute pensée captive sous le contrôle de Dieu. Qui n'a pas besoin de cela ?

Prière

Seigneur, je te prie de protéger les pensées de mon mari. Sois pour lui un bouclier qui le protège des mensonges de l'ennemi. Aide-le à discerner clairement entre ta voix et toute autre voix, et montre-lui comment t'amener toute pensée captive comme tu nous l'enseignes. Qu'il puisse avoir soif de ta Parole et faim de ta vérité afin qu'il sache reconnaître toute pensée tortueuse. Donne-lui la force de résister aux pensées de mensonge. Rappelle-lui qu'il a la pensée de Christ. Là où les mensonges de l'ennemi ont déjà envahi ses pensées, je les repousse en invitant la puissance du Saint-Esprit à purifier son esprit. Seigneur, tu m'as donné autorité *« sur la puissance de l'ennemi »* (Luc 10 : 19). En vertu de cette autorité que tu m'as donnée en Jésus-Christ, j'ordonne à tout esprit de mensonge de quitter les pensées de mon mari. Je proclame que Dieu a donné à *(nom de votre mari)* une façon de penser saine. Il n'entretiendra pas de confusion, mais vivra dans la clarté. Il ne sera pas tourmenté par des pensées coupables, impures, mauvaises ou négatives, mais il sera transformé par le renouvellement de l'intelligence, afin qu'il puisse discerner *« quelle est la volonté de Dieu, ce qui est bon, agréable et parfait »* (Romains 12 : 2).

Rends-le capable d'être *« fort dans le Seigneur, et par sa force toute-puissante »* (Éphésiens 6 : 10). Aide-le à ne s'inquiéter de rien, mais en toutes choses à faire connaître ses besoins à Dieu par des prières et des supplications, avec des actions de grâces. Et la paix de Dieu, qui surpasse toute intelligence, gardera son cœur et ses pensées en Jésus-Christ (Philippiens 4 : 6,7). Et enfin, *« que tout ce qui est vrai, tout ce qui est honorable, tout ce qui est juste, tout ce qui est pur, tout ce qui est aimable, tout ce qui mérite l'approbation, ce qui est vertueux et digne de louange, soit l'objet de (ses) pensées »* (Philippiens 4 : 8).

Quelques précieuses ressources

« Si nous marchons dans la chair, nous ne combattons pas selon la chair. Car les armes avec lesquelles nous combattons ne sont pas charnelles ; mais elles sont puissantes, par la vertu de Dieu, pour renverser des forteresses. Nous renversons les raisonnements et toute hauteur qui s'élève contre la connaissance de Dieu, et nous amenons toute pensée captive à l'obéissance de Christ. » 2 Corinthiens 10 : 3-5

« Et l'affection de la chair, c'est la mort, tandis que l'affection de l'Esprit, c'est la vie et la paix. » Romains 8 : 6

« Mais je vois dans mes membres une autre loi qui lutte contre la loi de mon entendement, et qui me rend captif de la loi du péché qui est dans mes membres. » Romains 7 : 23

« Ainsi donc, moi-même, je suis par l'entendement esclave de la loi de Dieu, et je suis par la chair esclave de la loi du péché. » Romains 7 : 25

« Tu aimeras le Seigneur, ton Dieu, de tout ton cœur, de toute ton âme, de toute ta pensée, et de toute ta force. » Marc 12 : 30

Chapitre Huit

Ses craintes

Il y a bien des choses dans ce monde dont nous pouvons avoir peur. Il faudrait être insensé pour dire le contraire. Mais quand la peur s'empare de nous, nous tourmente et envahit nos vies, nous devenons dès lors ses esclaves. Les hommes y sont particulièrement enclins parce que, sans en être toujours conscients, ils sont souvent la proie de toutes sortes de « Et si… » : « Et si je ne gagne pas assez d'argent ? », « Et si quelque chose arrivait à ma femme ou à mes enfants ? », « Et si je tombais malade ? », « Et si mes affaires ne marchaient pas ? », « Et si je n'étais pas un bon père ? », « Et si je devenais incapable de pourvoir aux besoins de ma famille ? », « Et si j'étais menacé et dépassé ? », « Et si je n'étais plus à la hauteur sexuellement ? », « Et si plus personne ne me respectait ? », « Et si j'étais impliqué dans un accident ? ». La peur peut s'emparer d'un homme (Psaume 48 : 6), et lui gâcher la vie (Psaume 78 : 33). Si la crainte l'envahit (Luc 8 : 37), il peut même être privé de ce que Dieu tient en réserve pour lui.

La seconde année de notre mariage, Michael et moi avons fait un voyage en Italie, en Grèce et en Israël avec notre pasteur Jack Hayford et son épouse Anna, ainsi que quelques autres personnes de notre église. Michael avait toujours été un voyageur anxieux, si bien que lorsque nous sommes arrivés en Grèce, il était très stressé. Un soir, après plusieurs journées trépidantes, il m'a dit :

« Je me sens si mal. Je crois que je vais rentrer avant les autres.

– Mais de quoi as-tu peur, au juste ? lui ai-je demandé.

– Je ne suis pas sûr, me répondit-il. Mais j'ai le sentiment que ma vie va s'écrouler si je ne rentre pas tout de suite à la maison. »

C'était tard le soir, mais j'ai quand même appelé notre pasteur pour lui dire que nous repartions le lendemain. Je suis sûre qu'il était déjà couché mais il a répondu : « J'arrive tout de suite ».

Il est venu dans notre chambre et Michael a partagé les sentiments qu'il éprouvait. Jack a mis sa main sur son épaule et lui a parlé de l'amour du Père céleste à son égard.

« Dieu t'a adopté comme son fils, lui dit-il. Tu vis dans la présence de ton Père qui est fort et plein d'amour. Tu n'as rien à craindre. »

Jack a prié pour Michael afin qu'il perçoive clairement l'amour du Père céleste, puis il lui a manifesté l'amour qu'un père peut avoir pour son fils. Ce fut un acte de bonté tout simple sous l'inspiration du Saint-Esprit qui apporta à Michael une révélation puissante. Il a ainsi pu s'élever au-dessus de sa crainte et nous avons suivi le groupe pendant tout le voyage. Ce fut d'ailleurs une excellente chose. Je suis tombée enceinte à Jérusalem et notre fils Christopher est né neuf mois plus tard, très précisément le jour de l'anniversaire de notre pasteur !

Des choses étonnantes se produisent dans nos vies quand nous ne laissons pas la crainte prévaloir.

Il y a une différence entre une pensée de crainte qui nous vient à l'esprit en vue de nous pousser à prier pour une certaine situation, et cet esprit de crainte qui nous tourmente et nous paralyse. Nous ne voulons pas négliger les impulsions que nous donne le Saint-Esprit pour prier en faveur de notre mari, car nous voulons le soutenir dans ses combats contre la crainte qui essaie de le détruire. Jésus a dit : *« Je vous montrerai qui vous devez craindre. Craignez celui qui, après avoir tué, a le pouvoir de jeter dans la géhenne »* (Luc 12 : 5). La seule sorte de crainte que nous sommes censés entretenir, c'est la crainte du Seigneur.

Quand vous vivez dans la crainte du Seigneur, Dieu promet de vous délivrer de vos ennemis (2 Rois 17 : 39), de vous protéger du mal (Proverbes 16 : 6), de garder son œil sur vous (Psaume 33 : 18), de vous manifester sa miséricorde (Luc 1 : 50), de vous donner richesse et honneur (Proverbes 22 : 4), de pourvoir à tous vos besoins (Psaume 34 : 9), de vous révéler tout ce que vous avez besoin de savoir (Psaume 25 : 14), de bénir vos enfants et vos petits-enfants (Psaume 103 : 17), de vous donner de l'assurance (Proverbes 14 : 26), une vie comblée (Proverbes 19 : 23), la longévité (Proverbes 10 : 27) et les désirs de votre cœur (Psaume 145 : 19).

Que demander de plus ? Priez que l'amour de Dieu, cet amour parfait qui réconforte et qui rassure entoure votre mari et le délivre de ses craintes.

Prière

Seigneur, tu as dit dans ta Parole : *« La crainte n'est pas dans l'amour, mais l'amour parfait bannit la crainte ; car la crainte suppose un châtiment, et celui qui craint n'est pas parfait dans l'amour »* (1 Jean 4 : 18). Je prie que tu rendes mon mari parfait dans ton amour afin que la crainte ne puisse plus venir le tourmenter.

Je sais que tu ne lui as pas donné un esprit de crainte. Tu lui as donné puissance, amour et un esprit sain (2 Timothée 1 : 7). Je prie au nom de Jésus que la crainte ne contrôle pas sa vie. Que ta Parole puisse au contraire pénétrer chaque fibre de son être, le convainquant de ton amour envers lui qui est infiniment plus grand que tout ce qu'il peut affronter et dont rien ne pourra le séparer.

Je prie qu'il te reconnaisse comme son Père dont l'amour est sans faille, la force sans égale, et dont la présence suffit à bannir la crainte. Délivre-le en ce jour de la crainte qui détruit et remplace-la par la crainte de ton nom (Jérémie 32 : 40). Enseigne-lui tes voies, Seigneur. Aide-le à marcher dans ta vérité. Donne-lui un cœur entier pour craindre ton nom (Psaume 86 : 11). Qu'il puisse vivre sans craindre les hommes, mais en se levant pour dire avec assurance : *« Le Seigneur est mon aide, je ne craindrai rien ; que peut me faire un homme ? »* (Hébreux 13 : 6). *« Oh ! Combien est grande ta bonté, que tu tiens en réserve pour ceux qui te craignent ! »* (Psaume 31 : 19).

(Nom de votre mari), je te dis : *« Prends courage, ne crains point ; Voici ton Dieu, la vengeance viendra, la rétribution de Dieu ; il viendra lui-même, et te sauvera »* (Ésaïe 35 : 4). *« Tu seras affermi par la justice ; bannis l'inquiétude, car tu n'as rien à craindre, et la frayeur, car elle n'approchera pas de toi »* (Ésaïe 54 : 14). *« Tu ne craindras ni les terreurs de la nuit, ni la flèche qui vole de jour, ni la peste qui marche dans les ténèbres, ni la contagion qui frappe en plein midi »* (Psaume 91 : 5-6). Puisse l'Esprit du Seigneur reposer sur toi, *« Esprit de sagesse et d'intelligence, Esprit de conseil et de force, Esprit de connaissance et de crainte de l'Éternel »* (Ésaïe 11 : 2).

Quelques précieuses ressources

« L'ange de l'Éternel campe autour de ceux qui le craignent, et il les arrache au danger. » Psaume 34 : 7

« J'ai cherché l'Éternel, et il m'a répondu ; il m'a délivré de toutes mes frayeurs. » Psaume 34 : 4

« Quand je marche dans la vallée de l'ombre de la mort, je ne crains aucun mal, car tu es avec moi, ta houlette et ton bâton me rassurent. » Psaume 23 : 4

« Ne crains rien, car je suis avec toi ; ne promène pas des regards inquiets, car je suis ton Dieu ; je te fortifie, je viens à ton secours, je te soutiens de ma droite triomphante. » Ésaïe 41 : 10

« L'Éternel est ma lumière et mon salut, de qui aurais-je crainte ? L'Éternel est le soutien de ma vie, de qui aurais-je peur ? » Psaume 27 : 1

Chapitre Neuf

Ses objectifs

Tout le monde a des objectifs. C'est notre raison de vivre. C'est notre mission, notre but, nos plans de vie. En premier lieu, nous sommes ici pour glorifier Dieu et accomplir sa volonté. La façon dont nous mettons en œuvre ce projet dans nos vies est propre à chacun d'entre nous. Votre mari a besoin de saisir *sa* raison de vivre. Il a besoin d'être sûr que sa vie n'est pas un simple accident, mais qu'elle fait partie d'un vaste projet. Il doit être convaincu de faire partie de quelque chose de plus grand que lui. Quand il découvre quel est ce but, et qu'il fait ce pour quoi il a été créé, et qu'il devient ce qu'il est appelé à être, il trouve alors une pleine satisfaction. Cela ne peut que contribuer à *votre* bonheur en tant qu'épouse.

S'il est une chose que j'ai apprise en un quart de siècle de vie de couple, c'est que la femme ne peut pas mettre de pression sur son mari pour le faire devenir comme ceci ou comme cela, mais elle peut prier afin qu'il devienne ce qu'il est appelé à être. Elle peut prier que Dieu le façonne selon son plan et non celui de qui que ce soit d'autre. Ce qu'il devient sera ensuite déterminé par l'écoute qu'il aura de l'appel de Dieu. Car Dieu *« nous a adressé une sainte vocation, non à cause de nos œuvres, mais selon son propre dessein, et selon la grâce qui nous a été donnée en Jésus-Christ avant les temps éternels »* (2 Timothée 1 : 9). Votre mari a été *« prédestiné suivant la résolution de celui qui opère toutes choses d'après le conseil de sa volonté »* (Éphésiens 1 : 11-12). Mais il vous appartient encore de prier qu'il entende l'appel de Dieu, afin que ce qu'il est et ce qu'il fait soit en harmonie avec les projets de Dieu pour sa vie.

Il n'est pas difficile de se rendre compte qu'un homme vit ou ne vit pas les projets pour lesquels Dieu l'a créé. Vous pouvez ressentir qu'il n'est pas en repos. Vous voyez bien que quelque chose ne fonctionne pas vraiment, même si vous n'êtes pas capable de l'identifier. Quand vous vivez avec un homme qui accomplit son appel et qui fait ce pour quoi il a été créé, vous sentez qu'il est animé par une direction dans sa vie, une assurance, une profonde sécurité. Selon vous, comment va votre mari à cet égard? Êtes-vous préoccupée parce que vous sentez qu'il n'est pas dans une voie qui lui apporte une certaine satisfaction, qu'il est accablé, ou qu'il a l'impression de n'aller nulle part? Si tel est le cas, priez : « Seigneur, prends mon mari là où il se trouve, révèle-lui ce que tu l'as appelé à être, et ouvre les portes pour qu'il puisse le devenir et le réaliser. »

Prier ainsi ne signifie pas que votre mari va être arraché à son travail et parachuté dans autre chose. Cela peut arriver, mais ce qui se produit le plus souvent, c'est que la perspective de l'homme peut changer. J'ai un ami qui s'appelle David. Il a travaillé pendant des années dans une usine de construction d'avions. Quand il a entendu l'appel de Dieu dans sa vie, il savait qu'il devait aider des jeunes adolescents dans des familles à bas revenus. Il savait aussi qu'il ne devait pas pour autant quitter son emploi. Il s'avéra que son travail lui rapportait assez d'argent pour subvenir aux besoins de sa famille tout en lui laissant exactement le nombre d'heures nécessaires pour mener à bien ce projet. Il a organisé des distributions de nourriture pour des familles dans le besoin, des concerts gratuits pour des jeunes peu fortunés, des actions chrétiennes pour ceux qui ne connaissaient pas l'Évangile, et des pourparlers de paix entre des bandes rivales. Il fait tout ce qui est en son pouvoir pour amener la restauration dans sa ville déchirée par la violence. Sa mission n'a certes rien de facile, mais elle est pour lui une source de réelle satisfaction. Quand vous le rencontrez, vous ne pouvez pas ne pas savoir qu'il est animé d'une passion pour sa mission. Physiquement, il n'en impose pas, mais c'est un géant sur le plan spirituel ; c'est évident dès les premiers instants en sa présence. Sa femme Priscille a aussi entendu cet appel de Dieu sur sa vie et le soutient de toutes les façons possibles.

Quel que soit l'appel de Dieu pour votre mari, il vous a aussi appelée à le soutenir et vous impliquer, au moins par la prière, l'encouragement et l'aide directe là où c'est possible. Pour certaines épouses, cela signifiera veiller à la bonne marche du foyer, élever les enfants, être présente à ses côtés et le soutenir dans la prière. D'autres femmes prendront une part plus active en tant qu'aide ou partenaire. Dans tous les cas, Dieu ne vous demande pas d'étouffer votre personnalité ou votre identité. Dieu *vous* a appelée à une mission. Mais cette mission sera compatible avec celle de votre mari et ne sera pas en conflit avec elle. Dieu n'est pas l'auteur de la confusion, des conflits et des situations impossibles. Il est le Maître du temps et des moments. *« Il y a un temps pour toutes choses »*, dit la Bible. Si vous êtes soumis à Dieu, vous pourrez, en son temps, réaliser parfaitement ce à quoi Dieu vous a appelés.

Si votre mari est déjà à l'œuvre dans l'appel que Dieu a placé sur sa vie, vous pouvez compter sur l'ennemi de son âme pour semer le doute, surtout s'il est encore loin d'avoir entrevu le produit fini de ce qu'il croit devoir réaliser. Vos prières l'aideront

à bannir le découragement et à l'en protéger. Elles l'aideront à entendre la révélation de Dieu et à s'y tenir. Elles contribueront à lui permettre de vivre sa vie selon le projet de Dieu.

Prière

Seigneur, je prie que *(nom de votre mari)* entende clairement l'appel que tu as placé sur sa vie. Aide-le à réaliser ce qu'il est en Christ et donne-lui la certitude qu'il a été créé pour un merveilleux but. Que les yeux de son intelligence soient éclairés afin qu'il sache quelle est l'espérance qui s'attache à son appel (Éphésiens 1 : 18).

Seigneur, quand tu nous appelles, tu nous qualifies. Rends-le capable de marcher d'une manière digne de son appel et de devenir l'homme de Dieu que tu l'appelles à être. Permets qu'il se souvienne de ce à quoi tu l'as appelé et ne le laisse pas être distrait par des choses secondaires par rapport à ton appel.

Anéantis le découragement afin qu'il ne soit pas terrassé. Aide-le à lever les yeux au-dessus des circonstances du moment afin qu'il voie le but pour lequel tu l'as créé.

Donne-lui la patience d'être dans ton « timing » parfait. Je prie que les désirs de son cœur ne soient pas en conflit avec tes désirs pour sa vie. Qu'il puisse rechercher ta direction et entendre ce que tu veux dire à son âme.

Quelques précieuses ressources

« Chacun tient de Dieu un don particulier, l'un d'une manière, l'autre d'une autre. » 1 Corinthiens 7 : 7

« Que chacun marche selon la part que le Seigneur lui a faite, selon l'appel qu'il a reçu de Dieu. » 1 Corinthiens 7 : 17

« C'est pourquoi aussi nous prions continuellement pour vous, afin que notre Dieu vous juge dignes de la vocation, et qu'il accomplisse par sa puissance tous les desseins bienveillants de sa bonté, et l'œuvre de votre foi. » 2 Thessaloniciens 1 : 11

« Que le Dieu de notre Seigneur Jésus-Christ, le Père de gloire, vous donne un esprit de sagesse et de révélation dans sa connaissance ; qu'il illumine les yeux de votre cœur, pour que vous sachiez quelle est l'espérance qui s'attache à son appel, quelle est la richesse de la gloire de son héritage qu'il réserve aux saints, et quelle est envers nous qui croyons l'infinie grandeur de sa puissance, se manifestant avec efficacité par la vertu de sa force. » Éphésiens 1 : 17-19

« Qu'il te donne ce que ton cœur désire, et qu'il accomplisse tous tes desseins ! » Psaume 20 : 4

Chapitre Dix

Ses choix

Mon mari m'a fait part d'un accord qu'il était sur le point de finaliser sans m'en avoir parlé. Dès l'instant où il m'en a fait part, j'ai éprouvé comme un malaise intérieur. Je trouvais l'idée bonne et sa vision était excellente, mais je ne pouvais échapper à ce sentiment désagréable. Je n'étais pas en paix. En fait, plus je priais, plus ce malaise augmentait. Quand je lui en ai fait part, il m'a répondu sur la défensive : « Tu ne me fais pas confiance quand je prends des décisions ? » Il était clair que c'était quelque chose à quoi il tenait et qu'il n'était pas près d'accepter mes réserves.

Mon seul recours fut de prier, ce que je fis. Je n'ai cessé de dire et redire au Seigneur : « Montre-moi si je me trompe sur cette affaire. J'aimerais tellement que cela se passe bien car je trouve que c'est une idée formidable. Mais si ce que je ressens est exact, révèle-le lui aussi afin qu'il arrête pendant qu'il est temps. Montre-lui la vérité et ferme la porte. »

Au tout dernier moment, juste avant la signature des contrats, les yeux de Michael s'ouvrirent soudain sur un certain nombre d'incidents qui jetaient une ombre sur les véritables intentions des autres parties concernés. La révélation de Dieu lui exposa le tout, si bien qu'il se retira de cette affaire *in extremis*. Aussi difficile que cela fut pour lui sur le moment d'accepter cette situation, il est reconnaissant de s'être épargné bien des déboires.

Quelque temps plus tard, tandis que j'écrivais ce livre, j'ai demandé à mon mari ce que mes prières pour lui avaient apporté. Une des choses qu'il mentionna fut que cela l'avait aidé face aux décisions qu'il devait prendre : « Quand j'étais devant de grandes décisions et que certaines offres m'étaient faites, tes prières m'ont ouvert les yeux et m'ont gardé d'entrer dans des affaires qui auraient été des sources de problèmes », m'expliqua-t-il.

Nous devons nous souvenir que tout homme pense que ce qu'il est fait est bien. *« Toutes les voies de l'homme sont droites à ses yeux »* (Proverbes 21 : 2). Mais Dieu seul peut nous donner un véritable discernement. Il peut nous donner de la sagesse quand nous la lui demandons. La sagesse conduit au succès (Ecclésiaste 10 : 10), et elle nous rend capables d'apprendre de l'expérience (Proverbes 15 : 31). Nous voulons que nos maris soient remplis de sagesse.

L'opposé de l'homme sage, c'est l'insensé. La Bible le décrit comme *« se confiant dans son propre cœur »* (Proverbes 28 : 26). Il méprise la sagesse (Proverbes 23 : 9). Il veut seulement parler et ne sait pas écouter (Proverbes 18 : 2). Autrement dit, vous ne pouvez rien lui dire.

Il est querelleur (Proverbes 20 : 3), coléreux et arrogant quand vous essayez de le raisonner (Proverbes 14 : 16). Un insensé est quelqu'un qui est incapable de soupeser les conséquences de ses actes. Il en résulte qu'il ne fait pas de bons choix. Si votre mari est comme cela, priez pour lui afin que Dieu lui donne de la sagesse.

Si votre mari n'est pas un insensé « à temps plein », pour ainsi dire, mais qu'il lui arrive simplement d'avoir des comportements insensés, n'essayez pas de le changer. Dieu seul peut le faire. Votre rôle consiste à l'aimer et à prier pour lui. La Bible dit : *« Le commencement de la sagesse, c'est la crainte de l'Éternel ; et la science des saints, c'est l'intelligence »* (Proverbes 9 : 10). Cela signifie que vous pouvez commencer par prier que la crainte du Seigneur le remplisse. Puis, priez afin qu'il soit bien conseillé : *« Heureux l'homme qui ne marche pas selon le conseil des méchants »* (Psaume 1 : 1).

Si vous persistez dans la prière afin que votre mari ait de la sagesse et de bons conseils, même s'il persiste à prendre de mauvaises décisions, vous aurez le réconfort de savoir que vous avez fait votre part et que Dieu en sortira quelque chose de bon.

Une large part de nos vies est affectée par des décisions prises par nos maris. Nous ferons bien de prier afin qu'ils en prennent de bonnes !

Prière

Seigneur, remplis mon mari de la crainte du Seigneur et donne-lui de la sagesse dans toutes les décisions qu'il doit prendre. Puisse-t-il t'honorer, toi et tes voies en cherchant à marcher dans ta vérité. Donne-lui du discernement afin de prendre des décisions basées sur ta révélation. Aide-le à faire des choix honorables et garde-le de toute folie. Libère-le de toute folie et rends-le capable de discerner rapidement où est l'erreur afin de l'éviter. Ouvre ses yeux pour qu'il voie clairement à l'avance les conséquences de son comportement.

Je prie qu'il écoute les bons conseils et qu'il ne soit pas obstiné. Donne-lui la force de rejeter les mauvais conseils et aide-le à entendre ton conseil par-dessus tous les autres. Je déclare avec la

Parole : *« Il y a dans le cœur de l'homme beaucoup de projets, mais c'est le dessein de l'Éternel qui s'accomplit »* (Proverbes 19 : 21). Instruis-le même pendant son sommeil (Psaume 16 : 7). Je prie que, dès le matin, il fasse ce qui est juste plutôt que de suivre la direction de sa propre chair. Je sais que la sagesse de ce monde est folie à tes yeux, Seigneur (1 Corinthiens 3 : 19). Qu'il ne se laisse pas séduire, mais qu'il garde ses yeux sur toi et ses oreilles attentives à ta voix.

Quelques précieuses ressources

« Que le sage écoute, et il augmentera son savoir, et celui qui est intelligent acquerra de l'habileté .» Proverbes 1 : 5

« Ne sois point sage à tes propres yeux. Crains l'Éternel, et détourne-toi du mal. » Proverbes 3 : 7

« La crainte de l'Éternel est le commencement de la science ; les insensés méprisent la sagesse et l'instruction. »
Proverbes 1 : 7

« Alors ils m'appelleront, et je ne répondrai pas ; ils me chercheront, et ils ne me trouveront pas. Parce qu'ils ont haï la science, et qu'ils n'ont pas choisi la crainte de l'Éternel, parce qu'ils n'ont point aimé mes conseils, et qu'ils ont dédaigné toutes mes réprimandes .» Proverbes 1 : 28-30

« L'homme qui s'écarte du chemin de la sagesse reposera dans l'assemblée des morts. » Proverbes 21 : 16

CHAPITRE ONZE

Sa santé

Pendant bien des années, mon mari se souciait fort peu de faire de l'exercice. Je le sermonnais sous toutes les coutures, laissais traîner des articles sur le sujet sur son passage, plaidant et pleurant en lui expliquant que je n'avais pas envie de devenir veuve, mais tout cela le laissait indifférent. Puis, un beau jour, je me suis dit que si la prière fonctionnait dans d'autres domaines de sa vie, cela pouvait porter ses fruits dans ce domaine-là aussi ! J'ai alors décidé d'adopter l'approche « Tais-toi et prie », en demandant à Dieu de lui donner le désir et la motivation de faire de l'exercice chaque jour.

J'ai ainsi prié pendant des mois sans résultats, jusqu'au jour où j'ai entendu un bruit inhabituel provenant d'une autre pièce. J'ai suivi le son pour découvrir, à ma plus grande satisfaction, mon mari en train de marcher sur le tapis roulant. Je n'ai pas dit un mot. Il s'en est servi ainsi que des poids et haltères trois fois par semaine depuis ce jour-là. Quand il fit plus tard la remarque qu'il se sentait beaucoup mieux et qu'il regrettait de ne pas avoir commencé plus tôt, j'ai fait preuve d'une retenue admirable en m'interdisant de dire : « Je te l'avais dit ! » ou même d'entrouvrir mes lèvres ! À ce jour, il ne sait toujours pas que j'ai prié pour cela !

La santé de votre mari n'est pas à prendre pour acquis, quels que soient son âge et sa condition. Priez pour lui afin qu'il apprenne à prendre soin de lui-même ; s'il tombe malade, priez qu'il soit guéri. J'ai vu trop de réponses à mes prières pour la guérison dans ma vie et celle des autres pour douter que le Dieu qui guérissait dans la Bible est le même hier, aujourd'hui et demain. Je crois que lorsque Dieu dit : *« Je suis l'Éternel qui te guéris »,* c'est bien ce qu'il a l'intention de faire (Exode 15 : 26). J'ai la foi de Jérémie qui priait en disant : *« Guéris-moi, Seigneur, et je serai guéri ! »* (Jérémie 17 : 14). J'ai confiance en sa Parole qui promet : *« Mais je te guérirai, je panserai tes plaies »* (Jérémie 30 : 17).

Jésus *« a pris nos infirmités, et il s'est chargé de nos maladies »* (Matthieu 8 : 17). Il donna à ses disciples le pouvoir de *« guérir toute maladie et toute infirmité »* (Matthieu 10 : 1). Il a dit : *« Voici les miracles qui accompagneront ceux qui auront cru, en mon nom... ils imposeront les mains aux malades, et les malades, seront guéris »* (Marc 16 : 17,18). Il me semble que Dieu s'intéresse à notre guérison, et qu'il n'a pas mis de date limite ; seulement une limite de foi (Matthieu 9 : 22).

Mon mari m'a dit comment mes prières pour sa guérison ont eu un formidable impact sur lui au milieu des années 1980 quand le docteur a trouvé plusieurs grosseurs sur son corps qu'il pensait être cancéreuses. Un second docteur eut les mêmes soupçons. Il a donc passé une biopsie. Pendant ces jours passés à attendre les résultats, Michael a certes été tenté de s'inquiéter. Il m'a dit comment mes prières pour sa bonne santé l'ont soutenu jusqu'à ce qu'il soit annoncé que ces grosseurs n'étaient pas cancéreuses du tout. Le chirurgien les lui enleva et il n'a jamais eu de problème depuis.

N'oubliez cependant pas que, même si nous prions et même si nous avons la foi, le dernier mot et le *timing* appartiennent à Dieu seul. Il dit qu'il y a *« un temps pour guérir »* (Ecclésiaste 3 : 3). Si vous priez pour la guérison et que rien ne se produise, ne vous flagellez pas. Dieu utilise parfois les souffrances d'un homme pour attirer son attention afin de pouvoir lui parler. Continuez à prier, mais sachez vous reposer ensuite sur la décision de Dieu.

Cela est vrai aussi quand on prie pour le salut de quelqu'un. Nous n'avons pas le dernier mot sur l'heure de la mort de quiconque. La Bible dit qu'il y a *« un temps pour mourir »* (Ecclésiaste 3 : 2), et ce n'est pas à nous d'en décider mais à Dieu seul. Et nous devons accepter ce fait. Nous pouvons prier, mais c'est lui qui décide de l'issue de la situation. Nous devons lui laisser ce privilège sans ressentiment, culpabilité, ou colère à son encontre. Priez pour la santé de votre mari, puis laissez tout cela dans les mains de Dieu.

Prière

Seigneur, je prie que ta main guérissante se pose sur *(nom de votre mari).* Que chaque partie de son corps puisse fonctionner comme tu l'as conçue. Là où il y a un quelconque déséquilibre, remets toutes choses en ordre. Guéris-le de toute maladie, blessure, infirmité, ou faiblesse. Fortifie son corps pour qu'il puisse assumer sa tâche. Qu'il puisse se réveiller le matin entièrement reposé, ressourcé et rafraîchi. Donne-lui un cœur fort et résistant. Je ne veux pas qu'il ait de problème de cœur.

Je prie qu'il ait le désir de prendre soin de son corps, de manger ce qui est bon pour la santé, de faire de l'exercice régulièrement et d'éviter tout ce qui pourrait lui nuire. Aide-le à comprendre que son corps est ton temple et qu'il doit y veiller (1 Corinthiens 3 : 16). Je prie qu'il te le présente comme un sacrifice vivant, saint et agréable devant toi (Romains 12 : 1). Quand il est malade, je prie que tu le soutiennes et le guérisses. Remplis-le de ta joie et de ta force. Je te prie précisément pour *(spécifier un domaine qui est une préoccupation particulière).* Accorde-lui la foi pour dire : « *Éternel, mon Dieu ! J'ai crié à toi, et tu m'as guéri !* (Psaume 30 : 2). Merci Seigneur d'être ma guérison. Je prie que mon mari vive longtemps et en bonne santé, et que le jour où la mort viendra, elle soit accompagnée de ta paix, et qu'il lui soit épargné une longue agonie et de longues souffrances. Merci Seigneur, car tu seras là pour l'accueillir dans ta présence, et ce pas un instant plus tôt que ce que tu auras décidé.

Quelques précieuses ressources

« Mon âme, bénis l'Éternel, et n'oublie aucun de ses bienfaits ! C'est lui qui pardonne toutes tes iniquités, qui guérit toutes tes maladies. » Psaume 103 : 2, 3

« Dans leur détresse, ils crièrent à l'Éternel, et il les délivra de leurs angoisses ; Il envoya sa parole et les guérit, il les fit échapper de la fosse. » Psaume 107 : 19,20

« J'ai entendu ta prière, j'ai vu tes larmes. Voici, je te guérirai. » 2 Rois 20 : 5

« Alors ta lumière poindra comme l'aurore, et ta guérison germera promptement ; ta justice marchera devant toi, et la gloire de l'Éternel t'accompagnera. » Ésaïe 58 : 8

« Voici, je lui donnerai la guérison et la santé, je les guérirai, et je leur ouvrirai une source abondante de paix et de fidélité. » Jérémie 33 : 6

CHAPITRE DOUZE

Sa protection

Combien de fois avons-nous entendu des histoires d'hommes qui étaient sur le champ de bataille et, alors qu'ils étaient en grand danger, qui vécurent une délivrance miraculeuse, pour apprendre plus tard que quelqu'un priait pour eux précisément au même moment ? Nos maris sont chaque jour sur le champ de bataille. Le danger est partout. Dieu seul sait quels pièges l'ennemi a préparés pour provoquer accidents, maladies, misère, violence et destruction dans nos vies. De nos jours, peu de lieux sont entièrement sûrs, y compris chez soi. Mais Dieu a dit : *« Le méchant épie le juste, et il cherche à le faire mourir ; l'Éternel ne le laisse pas entre ses mains »* (Psaume 37 : 32-33). Il a promis qu'il serait *« un bouclier pour ceux qui cherchent en lui un refuge »* (Proverbes 30 : 5). Il peut même être un bouclier pour quelqu'un en faveur de qui nous prions à cause de *notre* foi.

J'ai toujours prié pour la protection de mon mari et de mes enfants quand ils voyagent. Mais un matin, Michael m'appela peu après qu'il soit parti amener notre jeune fils à l'école.

« Nous venons d'avoir un accident, mais Christopher et moi allons bien... »

Je suis immédiatement allée les rejoindre, remerciant Dieu de les avoir protégés tout comme je le lui demandais depuis des années. Quand je suis arrivée et que j'ai vu l'état de la voiture, je me suis complètement effondrée. J'avais toujours une certaine appréhension, vu la façon dont Michael conduisait sa petite voiture de sport. Elle avait été percutée par le côté par une bien plus grosse voiture qui l'avait poussée contre une barrière en béton sur le côté de la route. Elle fut tellement endommagée que l'assurance la déclara en épave. La protection par la main de Dieu est la seule façon d'expliquer comment ils en ont réchappé, sains et saufs. Ils avaient bien quelques marques à la poitrine et aux épaules à cause de la ceinture, mais ils auraient pu être blessés bien plus sérieusement ou même tués. Je crois fermement que le Seigneur a répondu à mes prières pour protéger ma famille. Je reconnais que j'aurais bien aimé qu'il exauce ma prière pour que mon mari n'achète plus de voiture de sport...

Mon groupe de prière et moi prions régulièrement pour la protection de nos maris, que ce soit en voiture, en avion, au travail ou dans la rue. Nous n'avons pas besoin de penser à tous les dangers possibles, mais seulement de demander au Seigneur de les protéger de tout mal. Dieu a promis sa protection : *« Car il ordonnera à ses anges de te garder dans toutes tes voies ; ils te porteront sur les mains, de peur que ton pied ne heurte contre une pierre »* (Psaume 91 : 11-12). Mais les accidents arrivent, même aux gens qui aiment Dieu, et ils surviennent soudainement, par surprise.

C'est pour cela que la prière pour la protection de votre mari doit être fréquente et durable. Vous ne savez jamais quand elle sera le plus utile sur le champ de bataille. Et si quelque chose arrive, vous aurez le réconfort de savoir que vous avez invité la présence de Dieu et sa puissance dans cette situation.

Prière

Seigneur, je te prie de protéger *(nom de votre mari)* et de le garder de tout accident, toute maladie, danger ou influence mauvaise. Entoure-le, surtout lorsqu'il se déplace en voiture ou en avion. Mets-le à l'écart de toute violence et des plans de gens mauvais. Quand il marche, protège ses pas. Garde-le sur ton sentier afin que ses pieds ne glissent pas (Psaume 17 : 5). Si son pied glisse, retiens-le dans ta miséricorde (Psaume 94 : 18). Donne-lui la sagesse et la clairvoyance nécessaires pour qu'il marche en toute sécurité et ne tombe pas face au danger (Proverbes 3 : 21-23). Sois sa forteresse, sa force, son bouclier, et sa tour forte (Psaume 18 : 2-3). Fais-le demeurer à l'ombre de tes ailes (Psaume 91 : 1-2). Sois son rocher, son salut, et sa défense, afin qu'il ne soit ni ébranlé ni abattu (Psaume 62 : 6). Je prie qu'alors même que le mal peut se manifester tout autour de lui, ces choses ne le touchent pas (Psaume 91 : 7). Garde-le de tout plan de l'ennemi qui pourrait chercher à le détruire (Psaume 103 : 4). Préserve-le quand il sort comme quand il rentre aujourd'hui et pour toujours (Psaume 121 : 8).

Quelques précieuses ressources

« Celui qui demeure sous l'abri du Très Haut Repose à l'ombre du Tout-Puissant. Je dis à l'Éternel, mon refuge et ma forteresse, mon Dieu en qui je me confie ! » Psaume 91 : 1-2

« Car il me protégera dans son tabernacle au jour du malheur, il me cachera sous l'abri de sa tente ; il m'élèvera sur un rocher. »
Psaume 27 : 5

« Quand je marche dans la vallée de l'ombre de la mort, je ne crains aucun mal, car tu es avec moi, ta houlette et ton bâton me rassurent. » Psaume 23 : 4

« Éternel, mon rocher, ma forteresse, mon libérateur ! Mon Dieu, mon rocher, où je trouve un abri ! Mon bouclier, la force qui me sauve, ma haute retraite ! Je m'écrie : Loué soit l'Éternel ! Et je suis délivré de mes ennemis. » Psaume 18 : 2-3

« Signale ta bonté, toi qui sauves ceux qui cherchent un refuge, et qui par ta droite les délivres de leurs adversaires ! Garde-moi comme la prunelle de l'œil ; protège-moi, à l'ombre de tes ailes. »
Psaume 17 : 7-8

CHAPITRE TREIZE

Ses épreuves

Tout le monde passe par des temps difficiles. Il n'y a pas de quoi en avoir honte. La prière nous permet parfois de les éviter. D'autres fois non. Ce qui compte le plus, c'est l'attitude que nous adoptons dans ces moments-là. Si nous sommes pleins de colère ou d'amertume, que nous persistions à nous plaindre ou à blâmer Dieu, les choses tendent à empirer. Si nous les traversons en rendant grâces à Dieu et en le louant, il a promis d'en faire sortir quelque chose de bon. Il nous dit : *« Regardez comme un sujet de joie complète les diverses épreuves auxquelles vous pouvez être exposés, sachant que l'épreuve de votre foi produit la patience »* (Jacques 1 : 2-3).

Les prières d'une femme pour son mari pendant de telles périodes ne changeront pas toutes les circonstances qu'ils traversent. Après tout, si nous ne connaissions jamais la souffrance, nous serions des gens superficiels, sans compassion, et probablement très impatients. Mais la prière peut l'aider à maintenir une perspective positive et reconnaissante, pleine d'espoir, de patience et de paix à travers tout cela. Elle le gardera de récolter le fruit amer d'une mauvaise façon de réagir.

Mon amie Jeanne a vu son mari David passer près de la mort suite à la piqûre d'une araignée venimeuse. Ce fut une épreuve très difficile pour eux deux et cette épreuve dura plus d'un an pendant lequel il devait surmonter toutes sortes de complications dues à cet accident. En plus, ils venaient de s'installer dans un nouvel État, loin de la famille, des amis et de leur église, sans parler du problème financier engendré par des factures médicales astronomiques. Il y avait toutes les raisons d'être en colère et amer, mais ils ne se laissèrent jamais aller à abandonner la prière. Ils louèrent Dieu et regardèrent à lui comme à leur source.

À travers bien des larmes et des craintes, Jeanne priait avec ferveur que David ne se décourage pas au cœur de la bataille, mais qu'il tienne bon envers et contre tout. Dieu les a soutenus, David s'en est remis, et ils sont devenus deux des gens les plus riches dans le Seigneur que vous puissiez rencontrer. Non seulement cela, mais leurs trois enfants sont des croyants fermes dans la foi qui utilisent leurs merveilleux talents pour glorifier Dieu. David a pris un poste de pasteur responsable de tout ce qui est louange et musique dans une église où ils exercent un ministère très fructueux. Leur vie rend témoignage de la bonté du Seigneur, et je crois que la façon dont ils ont traversé cette épreuve a beaucoup à voir avec ce qu'ils vivent aujourd'hui.

Quoi que nous puissions ressentir, quand nous servons Dieu, son amour veille sur nous à chaque instant de notre existence, y compris dans les moments les plus durs, solitaires, douloureux et désespérés. Il est toujours là à nos côtés, faisant concourir toutes choses pour notre bien quand nous prions et que nos regards restent fixés sur lui pour le faire. *« Nous savons, du reste, que toutes choses concourent au bien de ceux qui aiment Dieu, de ceux qui sont appelés selon son dessein* » (Romains 8 : 28). Son intention, à travers nos épreuves, est souvent de nous amener à vivre dans l'humilité le brisement de notre *ego* indépendant et autosuffisant, pour grandir et devenir des chrétiens qui glorifient Dieu par leur compassion, leur patience et leur force spirituelle. Il utilise au moins trois situations pour nous apprendre à croire qu'il nous aime et prend soin de nous assez pour nous aider à traverser les moments difficiles.

Je ne peux penser à aucune épreuve que mon mari et moi ayons dû traverser qui ne nous ait fait approfondir notre relation avec Dieu, même si nous étions malheureux pendant ce temps difficile et que nous n'avions aucune idée de là où cela allait nous amener. Mais en priant tandis que nous franchissions ces passages chaotiques, nous avons vu notre foi grandir et notre marche avec Dieu s'approfondir. Quand nos attitudes sont bonnes, notre amour l'un pour l'autre ne peut qu'en sortir grandi.

Si votre mari passe par des temps difficiles, portez-le dans la prière, mais ne portez pas le fardeau. Même si vous étiez tentée de le faire, n'essayez pas de prendre sur vous sa charge et de vous l'approprier. Cela ne pourra que finir par contribuer à l'amener à se sentir faible et en position d'échec. De plus, Dieu ne vous demande pas de faire *son* œuvre. Il ne veut pas que vous vous substituiez au Saint-Esprit auprès de votre mari. Même si vous souffrez de le voir batailler et que vous vouliez l'aider, ne prenez pas sa place. Vous pouvez prier, l'encourager, le soutenir, mais Dieu utilise nos épreuves pour accomplir ses desseins et vous devez le laisser faire.

Si votre mari se sent écrasé sous le poids de choses telles que la pression financière, la maladie, un handicap, une incapacité, la perte d'un emploi, des problèmes avec les enfants, des conflits conjugaux, des catastrophes, des désastres dans la maison, ou des relations tendues, invitez le Saint-Esprit à intervenir dans vos circonstances et à les transformer. Aidez votre mari à garder une vision d'ensemble. Nos souffrances sembleront insignifiantes comparées à la gloire de Dieu agissant en nous, si nous choisissons de réagir avec la bonne attitude au cœur même de nos épreuves. *« J'estime que les souffrances du temps présent ne sauraient être comparées à la gloire à venir qui sera révélée pour nous »* (Romains 8 : 18). Encouragez-le à confesser : *« Je puis tout par Christ qui me fortifie »* (Philippiens 4 : 13).

Priez que votre mari soit capable de se tenir plus près de Dieu jusqu'à ce qu'il sache que rien ne peut le séparer de son amour : ni ce qu'il traverse maintenant, ni quoi que ce soit qui puisse arriver dans l'avenir.

« Car j'ai l'assurance que ni la mort ni la vie, ni les anges ni les dominations, ni les choses présentes ni les choses à venir, ni les puissances, ni la hauteur, ni la profondeur, ni aucune autre créature ne pourra nous séparer de l'amour de Dieu manifesté en Jésus-Christ notre Seigneur » (Romains 8 : 38-39). Si rien ne peut le séparer de l'amour de Dieu, alors, quoi qu'il advienne, il y aura toujours de l'espoir.

Les épreuves peuvent aussi servir de feu purificateur ou d'eau vive qui lave. Vous ne voulez pas que votre mari se brûle ni qu'il se noie ; vous voulez qu'il soit purifié et renouvelé. Dieu a promis que *« dans toutes ces choses nous sommes plus que vainqueurs par celui qui nous a aimés »* (Romains 8 : 37). *« Mais celui qui persévérera jusqu'à la fin sera sauvé »* (Matthieu 24 : 13).

C'est dans la mesure où votre mari sera déterminé à tenir ferme dans la foi en s'attendant à Dieu pour répondre à ses prières qu'il sera sauvé du feu et qu'il ne se noiera pas.

Prière

Seigneur, toi seul connais le poids du fardeau que porte mon mari. Je peux comprendre tel ou tel aspect de son problème, mais toi seul peux mesurer le poids qui pèse sur ses épaules. Je ne suis pas là pour minimiser ce que tu es en train de faire dans sa vie, car je sais que tu fais de grandes choses à travers les épreuves. Je n'essaie pas non plus de le protéger de ce qu'il doit affronter. Je veux juste le soutenir afin qu'il sorte vainqueur de cette bataille.

Seigneur, tu es notre refuge et notre force, un secours toujours présent à l'heure de l'épreuve (Psaume 46 : 1). Tu nous invites : *« Approchons-nous donc avec assurance du trône de la grâce, afin d'obtenir miséricorde et de trouver grâce, pour être secourus dans nos besoins »* (Hébreux 4 : 16). Je viens donc devant ton trône pour te demander grâce pour mon mari. Fortifie son cœur dans ce combat et donne-lui la patience de s'attendre à toi (Psaume 27 : 1-4). Aide-le à grandir afin que, quoi qu'il arrive, il puisse tenir ferme et être fortifié. Aide-le à vivre cette parole de l'Écriture : *« Réjouissez-vous en espérance. Soyez patients dans l'affliction. Persévérez dans la prière »* (Romains 12 : 12). Donne-lui de l'endurance pour courir la course et ne pas abandonner, car tu as dit que *« sept fois le juste tombe, et il se relève »* (Proverbes 24 : 16). Aide-le à se rappeler que *« l'Éternel affermit les pas de l'homme, et il prend plaisir à sa voie. S'il tombe, il n'est pas terrassé, car l'Éternel lui prend la main »* (Psaume 37 : 23-24).

Je prie qu'il regarde à toi et te dise : *« Je cherche un refuge à l'ombre de tes ailes, jusqu'à ce que les calamités soient passées »* (Psaume 57 : 1). Puisse-t-il apprendre à s'attendre à toi car : *« Ceux qui se confient en l'Éternel renouvellent leur force. Ils prennent leur vol comme les aigles; ils courent, et ne se lassent point, ils marchent, et ne se fatiguent point »* (Ésaïe 40 : 31). Je prie qu'il trouve sa force en toi et qu'il crie vers toi, car tu l'entendras et tu le délivreras de toutes ses détresses (Psaume 34 : 6).

Quelques précieuses ressources

« C'est là ce qui fait votre joie, quoique maintenant, puisqu'il le faut, vous soyez attristés pour un peu de temps par diverses épreuves, afin que l'épreuve de votre foi, plus précieuse que l'or périssable (qui cependant est éprouvé par le feu), ait pour résultat la louange, la gloire et l'honneur, lorsque Jésus-Christ apparaîtra. » 1 Pierre 1 : 6-7

« Remets ton sort à l'Éternel, et il te soutiendra, il ne laissera jamais chanceler le juste. » Psaume 55 : 22

« Et moi, je crie à Dieu, et l'Éternel me sauvera. Le soir, le matin, et à midi, je soupire et je gémis, et il entendra ma voix. Il me délivrera de leur approche et me rendra la paix, car ils sont nombreux contre moi. » Psaume 55 : 16-18

« Tu nous as fait éprouver bien des détresses et des malheurs ; mais tu nous redonneras la vie, tu nous feras remonter des abîmes de la terre. Relève ma grandeur, console-moi de nouveau ! »
Psaume 71 : 20-21

CHAPITRE QUATORZE

Son intégrité

L'intégrité, ce n'est pas ce que vous *semblez* être quand tous les yeux sont braqués sur vous. C'est ce que vous *êtes* quand personne ne vous regarde.

C'est le niveau de moralité en dessous duquel vous vous interdisez de descendre, quoi qu'il arrive autour de vous. C'est un standard élevé et sans faille d'honnêteté, d'authenticité, de décence, et d'honneur. C'est faire aux autres ce que vous voudriez qu'ils vous fassent.

Un homme intègre pense ce qu'il dit. Il ne joue pas avec les mots au point que l'on ne sait jamais ce qu'il veut vraiment dire. Il sait dire « oui » quand c'est « oui », et « non » quand c'est « non ». *« Ce qu'on y ajoute vient du malin »* (Matthieu 5 : 37). Il ne va pas changer de camp pour faire plaisir à tout le monde. Son but est de plaire à Dieu et de faire ce qui est juste. Un homme peut être très estimé par les hommes mais en abomination aux yeux de Dieu (Luc 16 : 15).

Un homme intègre *« ne se rétracte point, s'il fait un serment à son préjudice »* (Psaume 15 : 4). Il tiendra parole même si cela lui en coûte. Quand il se trouve dans une situation compromettante, il restera fidèle à ses convictions. Par-dessus tout, il est un homme de vérité : vous pouvez compter sur son honnêteté. *« Celui qui marche dans l'intégrité marche avec assurance »* (Proverbes 10 : 9), parce que son intégrité le guide et le conduit à se tenir dans la présence de Dieu (Psaume 41 : 12).

Mon mari est un homme intègre qui a dû souvent prendre position contre des choses qu'il savait ne pas être droites. Cela lui a souvent coûté cher. J'ai toujours prié pour lui afin qu'il fasse les bons choix, mais je ne l'ai pas fait comme si je supposais qu'il n'aurait pas été intègre sans moi. Mais je l'ai soutenu dans la prière face à l'opposition pour l'aider à tenir bon à travers tout cela. La Bible dit : *« Le juste marche dans son intégrité ; heureux ses enfants après lui ! »* (Proverbes 20 : 7). Que mes enfants le reconnaissent vraiment ou pas, ils recevront un héritage du simple fait que leur père a su tenir bon sur des principes de grande intégrité morale. Ils connaîtront certaines bénédictions à cause de la sorte d'homme qu'il aura été. Je prie qu'ils transmettent ces valeurs à leur tour à *leurs* enfants.

L'intégrité, c'est une affaire de cœur. Être un homme d'intégrité est donc un choix que doit faire votre mari, et qu'il doit faire seul, en son âme et conscience. Mais vous pouvez l'aider par la prière à combattre l'ennemi qui essaie de le piéger, de l'aveugler et de l'empêcher de prendre la bonne décision. Même lorsqu'il fait le bon choix, il y aura une réaction négative dans le royaume des ténèbres.

Vos prières peuvent le protéger de tout ce qui provoque le doute ou l'hésitation, et lui donner la force de faire ce qui est juste… même quand personne ne regarde.

Prière

Seigneur, je te prie de faire de mon mari un homme intègre selon tes standards. Donne-lui la force de dire « oui » quand il le faut et le courage de dire « non » quand il le faut. Rends-le capable de prendre position pour ce qu'il sait être juste et à ne pas chanceler sous la pression de ce monde. Ne permets pas qu'il soit un homme *« apprenant toujours et ne pouvant jamais arriver à la connaissance de la vérité »* (2 Timothée 3 : 7). Donne-lui plutôt un esprit docile et prêt à écouter la voix de la sagesse afin qu'il grandisse dans tes voies.

Fais de lui un homme qui marche dans la vérité. Aide-le à marcher selon l'Esprit de vérité en tout temps (Jean 16 : 13). Sois avec lui pour rendre témoignage à la vérité afin que, dans les moments de pression, il agisse en conséquence avec assurance. Là où il a fait fausse route dans ce domaine ou dans quelque autre, donne-lui un cœur qui est prompt à confesser ses erreurs. Car tu as dit dans ta Parole : *« Si nous disons que nous n'avons pas de péché, nous nous séduisons nous-mêmes, et la vérité n'est point en nous. Si nous confessons nos péchés, il est fidèle et juste pour nous les pardonner, et pour nous purifier de toute iniquité »* (1 Jean 1 : 8-9). Ne le laisse pas être séduit. Ne le laisse pas vivre dans quelque mensonge que ce soit. Que la miséricorde et la vérité soient liées autour de son cou et écrites sur son cœur afin qu'il trouve faveur et la plus haute estime aux yeux de Dieu et des hommes (Proverbes 3 : 3-4).

Quelques précieuses ressources

« Mieux vaut le pauvre qui marche dans son intégrité, que celui qui a des voies tortueuses et qui est riche. »
Proverbes 28 : 6

« L'intégrité des hommes droits les dirige, mais les détours des perfides causent leur ruine. » Proverbes 11 : 3

« Rends-moi justice, ô Éternel ! Selon mon droit et selon mon innocence ! » Psaume 7 : 8

« Rends-moi justice, Éternel, car je marche dans l'intégrité, je me confie en l'Éternel, je ne chancelle pas. » Psaume 26 : 1

« Que l'innocence et la droiture me protègent, quand je mets en toi mon espérance ! » Psaume 25 : 21

CHAPITRE QUINZE

Sa réputation

Une bonne réputation est bien fragile, surtout à notre époque de communication rapide et de médias de masse. Il suffit que quelqu'un soit au mauvais endroit au mauvais moment pour ruiner sa réputation.

Notre réputation n'est pas quelque chose à prendre à la légère. *« La renommée est préférable à de grandes richesses »* (Proverbes 22 : 1). *« Une bonne renommée vaut mieux que l'huile parfumée »* (Ecclésiaste 7 : 1). C'est un trésor à chérir et protéger. Quelqu'un qui néglige sa réputation ne pourra un jour aspirer voir sa crédibilité reconnue. Notre réputation peut être ruinée par le mal que nous faisons, par les personnes avec lesquelles nous nous associons, ou par des paroles de dénigrement prononcées à notre encontre. Dans les trois cas, le mal est toujours en cause. Un procès regrettable, une rumeur qui circule, une mauvaise influence, un article de journal négatif peuvent suffire à anéantir tout ce pour quoi un homme a travaillé toute sa vie. La prière est notre seul moyen de défense.

Mon mari s'est fait pas mal de souci pour sa réputation quand il a été mal cité dans un journal qui lui prêtait des propos mensongers. Conscients des dégâts que cela pouvait occasionner, nous avons appelé ceux qui pouvaient être blessés par ces propos mal rapportés pour leur dire les choses telles qu'elles étaient. Bien sûr, nous ne pouvions pas appeler tout le monde, si bien que nous priions que Dieu nous dirige pour appeler ceux qu'il fallait et que Dieu mette un terme à ces choses. Il s'avère que ce qui aurait pu devenir un feu de forêt s'est éteint en un jour ou deux. Les choses auraient très bien pu dégénérer et nous consumer. Je suis persuadée que c'est la puissance de Dieu qui nous a gardés en réponse à la prière. La Bible dit que le mari d'une femme vertueuse est respecté : *« Son mari est considéré aux portes, lorsqu'il siège avec les anciens du pays »* (Proverbes 31 : 23). Est-ce que cela se produit tout seul ? Est-ce que toute femme vertueuse a la garantie que son mari aura bonne réputation ? Ou doit-elle y contribuer ? Certes, un homme obtiendra un certain respect des autres s'il a une bonne épouse, mais je crois que si tel est le cas, le fait qu'elle prie pour lui et sa réputation y contribuera largement.

La prière pour la réputation de votre mari ne devrait pas être sporadique mais constante. Toutefois, n'oubliez pas qu'il conserve son libre arbitre. S'il n'est pas attentif à la voix et à la direction du Saint-Esprit, il peut choisir de n'en faire malgré tout qu'à sa tête et s'attirer ainsi des ennuis.

Si tel est le cas et que sa réputation en soit déjà ternie, priez que Dieu rachète la situation et qu'il en sorte du bien. Il est en tout à fait capable.

Prière

Seigneur, je prie que *(nom de votre mari)* ait une bonne réputation et qu'elle ne soit pas ternie. Je sais qu'un homme est souvent évalué *« d'après sa renommée »* (Proverbes 27 : 21). Je te prie donc d'agir afin qu'il soit respecté dans notre ville et que les gens parlent de lui en bien. Tu as dit dans ta Parole : *« Une malédiction sans cause n'aboutit à rien »* (Proverbes 26 : 2). Je prie qu'il n'y ait jamais de raison à ce que l'on dise du mal de lui. Garde-le de tout *imbroglio* légal, de toutes poursuites judiciaires ou autres procédures pénales. Délivre-le de ses ennemis, Seigneur. Défends-le face à ceux qui s'élèveraient pour lui faire du mal. (Psaume 59 : 1). Combats ceux qui le combattent (Psaume 35 : 1). Je place ma confiance en toi, Seigneur. Que nous n'ayons jamais à avoir honte (Psaume 71 : 1). Si tu es pour nous, qui sera contre nous (Romains 8 : 31) ?

Ta Parole dit : *« Un bon arbre ne peut porter de mauvais fruits, ni un mauvais arbre porter de bons fruits. Tout arbre qui ne produit pas de bons fruits est coupé et jeté au feu »* (Matthieu 7 : 18-19). Je prie que mon mari puisse porter de bons fruits de par les bonnes choses qui sont en lui et qu'il soit connu pour le bien qu'il fait. Que les fruits de l'honnêteté, de la loyauté et de l'humilité adoucissent ses rapports avec les autres et que sa réputation soit ainsi préservée.

Préserve sa vie de l'ennemi, mets-le à l'abri des manigances de gens mauvais. Arrache-le aux mailles du filet qui a pu lui être tendu (Psaume 31 : 4). Garde-le des commérages de gens malveillants. Là où du mal a pu être dit de lui, touche les lèvres de ceux qui l'ont prononcé avec ton feu qui purifie. Que les responsabilités soient mises au grand jour. Que ceux qui chercheraient à le détruire soient confondus. *« Que tous ensemble ils aient honte et qu'ils rougissent, ceux qui en veulent à (sa) vie pour l'enlever! Qu'ils reculent et soient confus, ceux qui désirent (son) malheur! »* (Psaume 40 : 14). Qu'il puisse placer sa confiance en toi et ne pas redouter ce que les hommes peuvent lui faire (Psaume 56 : 11). Car tu as dit que quiconque croit en toi ne sera pas confus (Romains 10 : 11). Conduis-le, guide-le et sois sa forteresse et son refuge.

Que sa lumière brille ainsi devant les hommes et qu'ils voient ses œuvres bonnes et te glorifient, Seigneur (Matthieu 5 : 16).

Quelques précieuses ressources

« Soustrais-moi au complot des méchants, À la troupe bruyante de ceux qui commettent l'injustice ! Ils aiguisent leur langue comme une épée, ils lancent leurs flèches : des paroles acerbes. »
Psaume 64 : 2-3

« Éternel, que je ne sois pas dans la honte quand je t'invoque. Que les méchants soient dans la honte, qu'ils descendent en silence au séjour des morts ! Qu'elles deviennent muettes, les lèvres fausses, qui parlent avec audace contre le juste, avec orgueil et mépris ! »
Psaume 31 : 17-18

« Heureux serez-vous, lorsqu'on vous insultera, qu'on vous persécutera et qu'on répandra sur vous toute sorte de mal, à cause de moi. Réjouissez-vous et soyez dans l'allégresse, parce que votre récompense sera grande dans les cieux, car c'est ainsi qu'on a persécuté les prophètes qui vous ont précédés. »
Matthieu 5 : 11-12

« Ne te hâte pas d'aller plaider, car que feras-tu dans la suite, lorsque ton prochain t'aura confondu ? Plaide ta cause contre

ton prochain, mais ne révèle pas le secret d'un autre, de peur qu'en l'apprenant il ne t'insulte, et que ta médisance ne puisse être rattrapée. » Proverbes 25 : 8-10

« Qui accusera les élus de Dieu ? Dieu est celui qui justifie ! Qui les condamnera ? Le Christ-Jésus est celui qui est mort ; bien plus, il est ressuscité, il est à la droite de Dieu, et il intercède pour nous ! » Romains 8 : 33-34

Chapitre Seize

Ses priorités

Les hommes ont bien des idées quant à leurs priorités. Mais toute épouse considère qu'elle devrait figurer en tête de la liste des priorités de son mari – tout de suite après Dieu. J'ai cependant découvert que si la femme veut que son mari mette ses priorités dans cet ordre-là, il doit en être de même dans *sa* vie. Autrement dit, si vous voulez que votre mari vous fasse passer avant son travail, vos enfants, vos amis et vos activités, il faut que vous fassiez la même chose pour lui. Si Dieu et votre conjoint ne sont pas clairement les premières priorités de *votre* vie, votre mari sera moins motivé et enclin à les mettre en tête de sa liste.

Je sais combien il peut être difficile de garder nos priorités dans le bon ordre, surtout avec de jeunes enfants à élever. Les besoins des enfants sont immédiats et urgents et vous vous devez d'y répondre quand ils se présentent. Votre mari, après tout, est un adulte qui est censé pouvoir prendre soin de lui-même. Mais même lorsqu'il n'y a pas d'enfants, il est possible d'être absorbé par le travail, le foyer, les amis, les projets, des centres d'intérêt et d'autres activités. Il est bien difficile, au milieu de tout ce qui accapare notre temps et notre attention, de ne pas avoir tendance à laisser le mari perdre des places dans votre liste, ou en tout cas d'avoir ce sentiment. Fort heureusement, nos priorités ne nécessitent pas forcément toutes autant de temps, faute de quoi celui qui travaille quarante heures par semaine mettrait Dieu en deuxième derrière son travail à moins qu'il ne prie au moins huit heures par jour ! Il est impossible à une femme de consacrer autant de temps à son mari qu'à son jeune enfant sans négliger ce dernier. Pour ce qui est de votre mari, ce n'est pas tant une question de temps que de lui faire sentir qu'il est dans vos priorités.

Le saluer le matin avec un sourire et l'embrasser peut suffire à lui faire sentir qu'il compte vraiment pour vous. Vous pouvez lui demander : « Puis-je faire quelque chose pour toi aujourd'hui ? ». Bien sûr, il faudra vous souvenir de le faire ! Dites-lui que vous priez pour lui et demandez-lui pour quoi vous pouvez prier Dieu. Même le fait de lui envoyer une marque d'attention alors même que vous êtes occupée ici et là lui communique qu'il figure encore au sommet de vos priorités.

La question des priorités est en rapport avec la place que l'on attribue aux choses dans notre cœur. Planifier des moments juste pour être ensemble en couple, une soirée, une ou deux nuits dans un autre cadre, un souper, ou du temps ensemble à la maison sans enfants ni amis : tout cela contribue à lui rappeler qu'il est au cœur de vos priorités. Si vous voulez que votre mari *vous* aime davantage, *vous* devez l'aimer davantage. C'est imparable – surtout si vous ajoutez la prière à cela.

Si vous avez le sentiment que vous n'avez pas le temps ou l'énergie de mettre votre mari en premier tout en faisant tout ce qui tombe sur vos épaules, demandez à Dieu une fraîche onction de son Saint-Esprit. Cherchez-le en premier et il vous aidera à ordonner vos priorités. Si votre emploi du temps ne vous laisse pas le temps nécessaire pour être avec Dieu et puiser vos forces en lui, réorganisez vos priorités et trouvez un nouvel horaire. L'ancien horaire peut ne plus fonctionner.

Dans les affaires où évolue mon mari, nous voyons souvent des gens connaître un succès rapide. Le problème, c'est que cela amène à convoiter toujours plus de succès, de pouvoir et de richesse. Quand ces gens-là ne font pas l'effort nécessaire pour garder leurs priorités dans le bon ordre, l'orgueil les remplit et ils cèdent à ses caprices. Ils se laissent porter par leur succès et laissent Dieu, la famille, l'Église et les amis dans la poussière. Quand ces étoiles filantes retombent sur terre, l'atterrissage est souvent douloureux.

Nous ne voulons pas que cela se produise, même à petite échelle, dans la vie de nos maris. Priez que votre mari mette toujours Dieu en premier, vous en second et les enfants en troisième. Puis, quoi qu'il lui arrive, ses priorités seront bien ordonnées ; vous vivrez alors tous les deux davantage dans la paix et le bonheur.

Prière

Seigneur, je te proclame Seigneur de ma vie. Aide-moi à te rechercher chaque jour plus que tout et à garder mes priorités bien ordonnées. Révèle-moi comment mettre mon mari avant les enfants, le travail, la famille, les amis, les activités et les intérêts. Montre-moi ce que je peux faire dès à présent pour lui montrer qu'il a la première place dans mon cœur. Guéris-le des blessures que je lui ai faites en le portant à en douter. Montre-moi comment établir mes priorités afin que ce qui mange mon temps inutilement, ou qui n'a pas de valeur durable, ne prenne pas une place trop importante dans mon emploi du temps.

Je prie aussi que les priorités de mon mari soient bien établies et respectées. Sois Seigneur et Maître de sa vie. Aide-le à choisir une vie marquée par la simplicité afin qu'il ait le temps d'être seul avec toi, Seigneur, et de se tenir là, dans le calme de ta présence chaque jour. Parle-lui et convaincs-le de faire de ta Parole, de la prière et de la louange ses priorités. Rends-le capable de me placer ainsi que les enfants bien au-dessus dans son cœur que sa carrière, ses amis ou ses activités. Je prie qu'il te cherche en tout premier lieu et te soumette tout son être, car c'est alors que toutes les autres pièces du puzzle de nos vies trouvent parfaitement leur place.

Quelques précieuses ressources

« Cherchez premièrement son royaume et sa justice, et tout cela vous sera donné par-dessus. » Matthieu 6 : 33

« Que chacun de vous, au lieu de considérer ses propres intérêts, considère aussi ceux des autres. » Philippiens 2 : 4

« Nul ne peut servir deux maîtres. Car, ou il haïra l'un et aimera l'autre ; ou il s'attachera à l'un et méprisera l'autre. »
Matthieu 6 : 24

« Le royaume des cieux est encore semblable à un marchand qui cherche de belles perles. Ayant trouvé une perle de grand prix, il est allé vendre tout ce qu'il avait, et l'a achetée. »
Matthieu 13 : 45,46

« Tu adoreras le Seigneur, ton Dieu, et à lui seul, tu rendras un culte. » Matthieu 4 : 10.

Chapitre Dix-Sept

Ses relations

L'isolement est malsain. Nous avons tous besoin de l'influence de gens dignes de confiance qui nous aideront à rester sur le bon chemin. Chaque couple marié devrait avoir au moins deux couples de chrétiens solides avec lesquels partager encouragement, force et soutien à partir de la richesse de leurs vies. Fréquenter de telles personnes est édifiant, enrichissant, équilibrant et réjouissant ; cela nous aide à garder une bonne perspective des choses quand les événements semblent nous échapper. Nous pouvons peu à peu reproduire dans nos vies les qualités des autres, ce qui est excellent pour le couple.

Je me souviens d'un jour où Michael et moi nous sommes disputés juste avant de nous rendre chez un autre couple qui nous avait invités à souper. Pendant le trajet, nous n'avons pas échangé un mot et je ne faisais que me demander comment passer cette soirée agréablement pour que l'autre couple ne se sente pas mal à l'aise. En arrivant, la chaleur l'amour, et la profondeur spirituelle que nous avons ressentis ont « infecté » nos pensées et nos sentiments. Très vite, nous avons ri et parlé ensemble, passant du bon temps, oubliant tout ce qui s'était passé juste avant. Ces amis-là n'étaient pas simplement du genre à créer une bonne ambiance le temps d'une soirée. Ils étaient animés de la joie du Seigneur, joie qui nous a « contaminés ».

Nous avons aussi vécu la situation exactement inverse. Il est souvent arrivé que des couples en pleine crise conjugale viennent dîner chez nous et repartent avec la paix dans leur cœur. Un couple en particulier nous a appelés juste avant l'heure convenue, alors que tout le repas était prêt, pour dire qu'ils s'étaient disputés et qu'ils ne seraient certainement pas des invités très agréables. Je leur ai dit que nous comprenions parfaitement, étant nous-mêmes passés par là, mais que nous voulions qu'ils viennent, quitte à ne pas ouvrir la bouche de la soirée. Je leur ai dit ensuite : « De toute façon, il faudra bien que vous mangiez ! Au pire, vous pourrez vous asseoir aux deux bouts de la table ! » J'ai eu du mal à les convaincre, mais ils ont fini par venir,et nous avons fini par passer une très agréable soirée ensemble. Nous avons même fini par rire de ce qui était arrivé en début de soirée et ils sont repartis main dans la main.

Être de bons amis avec des gens qui aiment le Seigneur n'arrive pas par hasard. Nous devons prier afin que nous puissions accueillir de telles personnes dans nos vies. Et quand nous les trouvons, nous devrions continuer de couvrir cette relation dans la prière. Nous devrions aussi prier afin d'éloigner de nous les mauvaises influences. La Bible nous dit : *« Ne formez pas avec les incroyants un attelage disparate »* (2 Corinthiens 6 : 14). Cela ne signifie pas que nous ne pouvons pas fréquenter des gens qui ne sont pas chrétiens, mais nos relations les plus proches, les plus influentes pour nous devraient être avec des gens qui connaissent et aiment le Seigneur, faute de quoi les conséquences ne manqueront pas.

« Le juste est un guide pour son compagnon, mais la voie des méchants les égare » (Proverbes 12 : 26). C'est pour cela qu'il est si important de se rattacher à une église où il est possible de rencontrer les gens dont on a besoin. Choisissez de fréquenter les gens les plus recommandables qui soient, ceux dont le cœur est tourné vers le Seigneur.

Priez aussi afin que votre mari ait des amis hommes. Et quand il les trouve, laissez-lui le temps de les rencontrer sans le critiquer. Ces amis contribueront à forger son caractère : *« Le fer aiguise le fer, ainsi un homme aiguise la personnalité de son prochain »* (Proverbes 27 : 17). Ils seront pour lui une bonne influence. *« L'huile et le parfum réjouissent le cœur, et la douceur d'un ami vaut mieux que les conseils qu'on se donne à soi-même »* (Proverbes 27 : 9). Bien sûr, si ces relations devenaient trop prenantes, priez pour un bon équilibre.

Après que nous ayons eu nos enfants, Michael travaillait nuit et jour pendant la semaine. Il passait ensuite ses week-ends sur les cours de golf ou à des matchs de base-ball ou de football avec ses amis. Nous nous sommes souvent disputés amèrement à ce sujet, mais il n'y eut pas de changement jusqu'à ce que je me mette à prier Dieu de le convaincre et d'attacher son cœur à la maison. Dieu a fait les choses bien mieux que je ne l'aurais jamais pu !

Les hommes ont souvent moins d'amis que les femmes parce que leur temps est largement consumé par leur carrière. Ils ne prennent pas toujours la peine de développer des amitiés proches comme nous, les femmes. C'est là où la prière peut faire la différence. Même si votre mari n'est pas chrétien, vous pouvez quand même prier pour qu'il ait de bons amis qui aiment Dieu. Le mari d'une de mes amies proches n'est pas chrétien ; nous avons souvent prié pour lui afin qu'ils aient des amis chrétiens et qu'il soit en contact avec des croyants à son travail. Dieu a mis tant de chrétiens sur sa route que nous rions en pensant à la façon dont le Seigneur l'a encerclé !

Priez pour toutes les relations de votre mari. Il a besoin d'entretenir de bonnes relations avec ses parents, ses frères, ses sœurs, ses oncles, ses tantes, ses cousins, ses collègues, et ses voisins. Priez qu'aucune de ces relations ne soit ternie par une incapacité à pardonner. Un mari torturé par l'amertume n'est pas beau à voir.

Prière

Seigneur, je te prie pour *(nom de votre mari)* afin qu'il ait de bons amis, des hommes chrétiens avec lesquels il puisse partager à cœur ouvert ce qu'il vit. Puissent-ils être des hommes dignes de confiance qui lui parleront avec vérité et non pas seulement pour lui dire ce qu'il aimerait entendre (Proverbes 28 : 23). Donne-lui le discernement de se séparer de quiconque n'aurait pas sur lui une bonne influence (1 Corinthiens 5 : 13). Montre-lui l'importance d'avoir des amis dignes de confiance et aide-moi à l'encourager à entretenir ces amitiés. Donne-nous des couples chrétiens avec lesquels nous soyons suffisamment en confiance pour partager ce que nous vivons.

Je te prie de lui accorder des relations fortes et paisibles avec chaque membre de sa famille, ses voisins, ses connaissances et ses collègues. Je te prie spécialement aujourd'hui pour sa relation avec *(nom de la personne)*. Permets une bonne communication et une acceptation mutuelle. Permets qu'il y ait réconciliation là où existe quelque tension. Instaure ta paix dans tout ce qui doit être réglé.

Je prie que, dans son cœur, il honore son père et sa mère afin qu'il vive longtemps et dans la bénédiction (Exode 20 : 12). Rends-le capable de pardonner et de ne pas entretenir de rancune dans son cœur contre quiconque. Seigneur, tu as dit dans ta Parole :

« Mais celui qui a de la haine pour son frère est dans les ténèbres ; il marche dans les ténèbres et ne sait où il va, parce que les ténèbres ont rendu ses yeux aveugles » (1 Jean 2 : 11). Je prie que mon mari ne soit jamais aveuglé par les ténèbres de la rancœur, mais qu'il marche continuellement dans la lumière du pardon. Qu'il ne juge pas et ne méprise personne mais qu'il se souvienne que *« nous comparaîtrons tous devant le tribunal de Dieu »* (Romains 14 : 10). Rends-le capable d'aimer ses ennemis, de bénir ceux qui le maudissent, de faire du bien à ceux qui le haïssent, et de prier pour ceux qui cherchent à l'égarer et à le persécuter (Matthieu 5 : 44). Je te prie de m'aider à être sa meilleure amie et que notre amitié continue de grandir. Montre-lui ce qu'est un véritable ami et aide-le à en être un.

Quelques précieuses ressources

« Veillons les uns sur les autres pour nous inciter à l'amour et aux œuvres bonnes. N'abandonnons pas notre assemblée, comme c'est la coutume de quelques-uns, mais exhortons-nous mutuellement, et cela d'autant plus que vous voyez le Jour s'approcher. »
Hébreux 10 : 24-25

« Si donc tu présentes ton offrande à l'autel, et que là tu te souviennes que ton frère a quelque chose contre toi, laisse là ton offrande devant l'autel, et va d'abord te réconcilier avec ton frère, puis viens présenter ton offrande. » Matthieu 5 : 23-24

« Mais si nous marchons dans la lumière, comme il est lui-même dans la lumière, nous sommes en communion les uns avec les autres. » 1 Jean 1 : 7

« Prenez garde à vous-mêmes. Si ton frère a péché, reprends-le et, s'il se repent, pardonne-lui. Et s'il pèche contre toi sept fois dans un jour, et que sept fois il revienne à toi, en disant : Je me repens, tu lui pardonneras. » Luc 17 : 3-4

« Je vous donne un commandement nouveau : "Aimez-vous les uns les autres ; comme je vous ai aimés, vous aussi, aimez-vous les uns les autres." À ceci tous connaîtront que vous êtes mes disciples, si vous avez de l'amour les uns pour les autres. »
Jean 13 : 34-35

Chapitre Dix-Huit

Son rôle de père

Quand j'ai demandé à mon mari de partager avec moi ses plus grandes craintes, une des choses qu'il a mentionnées était la crainte de ne pas être un bon père.

« Je crois que c'est une peur qu'ont les hommes en général, m'a-t-il confié. Nous sommes tellement absorbés par notre travail que nous avons peur de ne pas en faire assez pour nos enfants. Ou alors, nous craignons de ne pas avoir fait assez bien. Ou d'avoir manqué quelque chose d'important. Cela devient d'autant plus un problème quand ils deviennent adolescents… Nous avons peur de ne pas savoir communiquer avec eux et d'être perçus comme trop vieux et dépassés. »

Cela m'a touchée et encouragée à prier pour lui afin qu'il soit un bon père. Je crois que mes prières l'ont aidé car je l'ai vu devenir plus patient avec nos enfants et plus confiant dans son rôle de père. Je l'ai trouvé de plus en plus détendu et capable de jouir de sa relation avec ses enfants. Il s'est progressivement délivré de ses sentiments de culpabilité ou de colère quand il fallait exercer la discipline. Petit à petit, il a été capable de leur parler avec beaucoup de sagesse et d'avoir ainsi un bon impact sur leur vie. Il voit à présent que les points faibles de nos enfants ne sont pas forcément le reflet de ses faiblesses de père.

Bien des pères capitulent ou deviennent au contraire étouffants à force de faire trop d'efforts par peur de l'échec ou de ne pas être à la hauteur. Ils développent alors une attitude passive et s'effacent dans l'ombre de leurs enfants. Cela peut être particulièrement insupportable pour un homme qui vit déjà dans un sentiment d'échec dans d'autres domaines de sa vie.

Les mères aussi sont parfois envahies par ce sentiment d'incompétence, mais elles sont plus rares à abandonner, ignorer ou blesser leurs enfants. C'est parce que nous avons l'occasion dès l'instant de la conception de nous investir tellement dans la vie de nos enfants. Nous les portons en nous, nous les nourrissons en tant que nouveau-nés, les instruisons, les enseignons et les aimons tellement que nous nous sentons dès le début étroitement liés à eux.

Les pères n'ont pas ce privilège et ont souvent le sentiment de prendre le train en marche pour essayer de nous rejoindre, la mère se sentant très proche de l'enfant dès le début. Si, de plus, ils consacrent beaucoup de temps à leur avancement professionnel, ils peuvent facilement se sentir éloignés et inefficaces. Nos prières peuvent contribuer à les aider face à cette situation.

Vous est-il arrivé que quelqu'un prie pour vous quand vous ne pouviez pas penser clairement, pour vous rendre compte ensuite que tout devenait limpide ? Je l'ai vécu maintes et maintes fois. Je crois que c'est là ce qui peut arriver à nos maris quand nous prions pour eux dans leur rôle de père. S'ils sont harcelés pas le doute et accablés par le sens de leur responsabilité, nous pouvons minimiser de tels sentiments par nos prières. La prière peut les aider à acquérir une perspective claire de ce que signifie être un bon père, et ouvrir la porte au Saint-Esprit pour les diriger et les aider à relever les défis qui nous attendent en tant que parents.

Mon mari s'est souvenu d'un incident précis où il a pu voir mon intercession en sa faveur en tant que père faire toute la différence. Cela s'est produit quand nous avons surpris notre fils Christopher, alors âgé d'environ sept ans, en plein mensonge. Nous savions qu'il nous fallait faire quelque chose, mais nous voulions qu'il confesse clairement sa faute et qu'il se repente sincèrement. Cependant, ni la confession ni la repentance ne semblaient vouloir venir… Michael voulait lui apprendre une leçon mais ne savait pas que faire, alors il m'a demandé de prier. Tandis que je priais, tout devint très clair dans son esprit. Michael dessina un triangle et une représentation de Satan, de Dieu et de Christopher à côté des trois angles sous le regard de notre fils. Puis, il décrivit le plan de Satan pour Christopher, et aussi celui de Dieu. Il illustra comment le mensonge faisait partie du plan de Satan que Christopher avait suivi ce jour-là. Il décrivit en détail les conséquences ultimes de choisir de suivre le plan de Satan, ce qui revenait à s'éloigner toujours plus de Dieu ; Christopher fut tellement secoué qu'il se mit à pleurer et confessa son mensonge avec un cœur vraiment repentant. Michael me dit plus tard que, sans cette image claire que le Seigneur lui avait donnée, il n'aurait pas su atteindre notre fils profondément dans son cœur.

La meilleure façon pour un homme de devenir un bon père est d'apprendre à connaître son Père céleste et à l'imiter. Plus il passera du temps dans la présence du Seigneur, qui le transformera à son image, plus son influence sera bonne quand il prendra du temps avec ses enfants. Il aura alors un cœur de père car il pourra comprendre le cœur du Père. Cela devient difficile quand le père n'a pas une bonne relation avec son père terrestre. La façon dont un homme vit sa relation avec son père se reflétera souvent ensuite dans sa relation avec le Père céleste. S'il a été abandonné par lui, il pourrait se sentir abandonné de Dieu. Si son père était indifférent ou distant, il va lui sembler que le Père céleste est ainsi. S'il doutait de l'amour de son père, il doutera sans doute de l'amour de Dieu. S'il est en colère après son père, il se pourrait qu'il soit aussi en colère contre le Père céleste. Les événements qu'il a vécus par le passé dans ses rapports avec son père peuvent devenir une barrière qui l'empêche de pleinement goûter l'amour du Père. Cela va transparaître dans sa relation avec ses enfants.

Priez que votre mari grandisse dans une meilleure compréhension de l'amour de son Père céleste et qu'il le guérisse de toute fausse conception à son égard. Là où il blâme Dieu parce que son propre père n'a pas été à la hauteur, demandez au Seigneur de guérir cette plaie béante. La Bible dit : *« Si quelqu'un traite avec mépris son père et sa mère, sa lampe s'éteindra au milieu des ténèbres »* (Proverbes 20 : 20).

Tant que le pardon pour son père n'aura pas pris place dans son cœur, il aura beaucoup de mal à devenir le meilleur père possible pour ses enfants. Même si son père est décédé, votre mari peut régler ce problème, car c'est son attitude de cœur envers son père qui compte. Priez qu'il adopte une bonne attitude envers son père terrestre afin que rien ne fasse obstacle à sa relation avec son Père céleste.

Les hommes ne réalisent pas toujours à quel point ils sont importants pour leurs enfants. Ils ont parfois le sentiment de n'être là que pour pourvoir aux besoins matériels. Mais l'importance de l'influence du père ne devrait jamais être sous-estimée. La forme que prend sa relation avec ses enfants va façonner leurs vies pour le meilleur ou pour le pire. Cela changera également sa propre vie. Car s'il échoue dans son rôle de père, il vivra toujours avec un sentiment d'échec. S'il réussit, il ne connaîtra pas de plus grande satisfaction dans sa vie.

Prière

Seigneur, apprends à *(nom de votre mari)* à être un bon père. Là où le modèle qui lui a été laissé ne correspond pas à tes voies, guéris-le et aide-le à pardonner à son père. Donne-lui une révélation de toi-même et la soif de te connaître comme son Père céleste. Attire-le près de toi afin qu'il prenne du temps dans ta présence pour devenir davantage semblable à toi et qu'il comprenne pleinement le cœur du Père qui est plein de compassion et d'amour envers lui. Donne-lui d'avoir ce même cœur envers ses enfants. Aide-le à équilibrer miséricorde, jugement et instruction selon tes principes. Car si tu t'attends à l'obéissance, tu es aussi prompt à pardonner un cœur repentant. Rends-le semblable à toi.

Montre-lui quand exercer la discipline et comment. Aide-le à réaliser que celui qui aime son enfant le discipline promptement (Proverbes 13 : 24). Puisse-t-il ne pas irriter ses enfants, mais les élever *« en les corrigeant et en les avertissant selon le Seigneur »* (Éphésiens 6 : 4). Je prie que nous soyons unis dans notre façon d'établir des règles pour nos enfants et que nous soyons en plein accord quant à la manière de les élever. Je prie qu'il n'y ait pas de querelles ou de disputes sur la façon de gérer ces situations qui les concernent.

Accorde-lui la capacité de bien communiquer avec eux. Je prie qu'il ne soit pas dur, cruel, faible, désintéressé, négligeant, imprévisible ou indifférent. Aide-le plutôt à être bon, aimant, attentionné, chaleureux, encourageant, affectueux, impliqué, fort, cohérent, fiable, communicatif, compréhensif et patient. Qu'il puisse attendre de nos enfants qu'ils l'honorent et les y amener par l'exemple, afin qu'ils vivent longtemps et dans ta bénédiction.

Seigneur, je sais que nous transmettons un héritage spirituel à nos enfants. Que cet héritage puisse être riche de la plénitude de ton Saint-Esprit. Rends-le capable de donner à nos enfants l'exemple d'une vie vécue dans la soumission à tes lois.

Qu'il puisse trouver du plaisir auprès de ses enfants et désirer ardemment les élever selon tes voies. Il désire tellement être un bon père. Je te prie de lui accorder le désir de son cœur.

Quelques précieuses ressources

« Les petits-fils sont la couronne des vieillards, et les pères sont la parure de leurs fils. » Proverbes 17 : 6

« Car l'Éternel réprimande celui qu'il aime, comme un père l'enfant qu'il chérit. » Proverbes 3 : 12

« Le père du juste est vraiment dans l'allégresse, celui qui engendre un sage en a de la joie. » Proverbes 23 : 24

« Corrige ton fils, et il te donnera du repos, il procurera des délices à ton âme. » Proverbes 29 : 17

« Je serai pour vous un père, et vous serez pour moi des fils et des filles, dit le Seigneur tout-puissant. » 2 Corinthiens 6 : 18

Chapitre Dix-Neuf

Son passé

Michael avait dix-neuf ans quand il s'effondra à cause d'un épuisement nerveux. Il prenait des cours à temps plein à l'université dans la journée, et le soir, il composait, faisait des arrangements musicaux, jouait du piano et de la batterie dans des clubs locaux. Il vivait sous un stress permanent avec peu de sommeil et allait tout droit à la catastrophe. Le médecin de famille suggéra qu'il soit placé dans un hôpital psychiatrique où il prendrait le repos nécessaire. Sa mère et le médecin m'ont dit plus tard avoir beaucoup regretté cette décision, mais à l'époque, ils ne savaient pas quoi faire d'autre. Michael décrit cette période de « repos » dans cet établissement comme les deux semaines les plus terrifiantes de sa vie. Il fut témoin de comportements tellement étranges et horribles chez les autres patients qu'il fut traumatisé à l'idée de ne jamais plus pouvoir en sortir. Il reprit le chemin de l'université avec un programme moins chargé, mais rempli de crainte.

Au fil des années, depuis notre mariage, il est arrivé qu'il soit tellement submergé de travail et sous pression qu'il a connu le même degré d'épuisement. Cela lui a toujours rappelé ce qu'il avait traversé dans son adolescence.

Le passé resurgit alors comme un fantôme et le menace : « Tu vas finir par retourner dans un hôpital psychiatrique ! » Il m'a dit comment, dans ces moments-là, mes prières l'ont tellement aidé. Je priais toujours qu'il connaisse la vérité, et que la vérité l'affranchisse (Jean 8 : 32). Je priais que Dieu le délivre de l'emprise de son passé. Ce fut un processus progressif, mais je l'ai vu faire des progrès au fur et à mesure que je priais.

Nous ne sommes pas faits pour vivre dans le passé, mais seulement pour en retirer des leçons. Nous devons *« oublier ce qui est en arrière »* et *« nous porter vers ce qui est en avant »* et courir *« vers le but pour obtenir le prix de la vocation céleste de Dieu en Christ-Jésus »* (Philippiens 3 : 13-14). Dieu nous rachète et nous restaure. Nous devons lui permettre de faire les deux. Il peut racheter le passé et restaurer ce qui a été perdu. Il peut tirer du bien du mal qui a été fait (Psaume 90 : 15). Il faut avoir confiance qu'il en est capable. Nous ne pourrons jamais quitter le présent pour pénétrer l'avenir de ce que Dieu a en réserve pour nous si nous restons prisonniers de notre passé.

Non seulement le passé de votre mari l'affecte-t-il, mais il affecte aussi vos enfants. Vous transmettez bien plus à vos enfants et petits-enfants que la couleur de leurs cheveux et de leurs yeux. Nous pouvons laisser un héritage aussi douloureux et lourd à assumer que celui que nous avons dû assumer. Nous pouvons léguer un héritage fait de divorce, de colère, d'anxiété, de dépression et de crainte pour ne nommer que ces exemples.

Plus vous et votre mari serez libérés de ces choses du passé, plus vous pourrez vivre libre aujourd'hui et demain. Tant que vous restez dans le passé, vous perdez non seulement une partie de ce que Dieu a en réserve pour votre avenir, mais aussi pour celui de vos enfants.

Les événements que votre mari a vécus dans le passé et qui l'ont le plus marqué sont sûrement ceux qui sont survenus dans son enfance. Les choses difficiles qui sont arrivées et les bonnes qui ne se sont pas produites dans les rapports avec la famille sont les plus marquantes. Avoir été traité de certains noms par un membre de la famille laisse des traces jusque dans la vie adulte. Des mots tels que « mon gros », « idiot », « maladroit », « bon à rien », « raté », « quatre-yeux » ou « mollusque » laissent une empreinte indélébile dans le cerveau et dans les émotions pour toute notre vie d'adulte. Si nous ne pouvons pas nier le passé, il est possible de prier afin de ne plus en subir les effets. Personne n'est destiné à vivre perpétuellement esclave de son passé.

Dieu nous appelle à l'implorer pour notre délivrance, à marcher dans ses voies, proclamer sa vérité et ensuite trouver la liberté face à l'emprise de notre passé. Mais il est parfois nécessaire de passer par des étapes en marche vers la délivrance. Votre mari peut considérer avoir été délivré de quelque chose qui pourrait bien pointer de nouveau son nez, lui donnant le sentiment qu'il est retombé au point de départ. Dites-lui de ne pas se laisser décourager pour autant. S'il a marché avec le Seigneur, il est probablement en marche vers un niveau plus approfondi de liberté que Dieu veut l'amener à découvrir. Vos prières vont certainement le fortifier pendant ce processus qui le mènera à une plus grande liberté.

Être libéré du passé peut se produire rapidement comme venir par un processus par étapes, selon ce que Dieu veut nous apprendre à travers cela.

Vous ne pouvez pas le provoquer selon vos propres termes. Vous devez être patiente et prier aussi longtemps que nécessaire pour que les voix du passé s'estompent et que votre mari puisse décider de ne plus les écouter.

Prière

Seigneur, je te prie de rendre *(nom de votre mari)* capable de lâcher entièrement son passé. Délivre-le de toute emprise qu'il puisse encore avoir sur lui. Aide-le à se défaire de son ancienne conduite et de ses façons habituelles d'y penser, afin qu'il soit renouvelé dans son esprit (Éphésiens 4 : 22-23).

Élargis sa compréhension afin qu'il sache que tu fais toutes choses nouvelles (Apocalypse 21 : 5). Montre-lui la façon nouvelle et conforme au Saint-Esprit d'affronter ces événements négatifs de son passé.

Accorde-lui les pensées qui étaient en Jésus-Christ afin qu'il puisse clairement discerner ta voix et la distinguer de toutes celles du passé. Quand il entend ces anciennes voix, rends-le capable de s'élever au-dessus et de les faire taire par la vérité de ta Parole. Là où il a précédemment connu le rejet et la douleur, je prie qu'il ne laisse pas ces sentiments déterminer ce qu'il voit et ce qu'il entend.

Répands ton pardon dans son cœur afin qu'il n'y ait aucune place pour l'amertume, la rancœur, la vengeance, et la rancune. Qu'il ne voit plus en son passé qu'une leçon d'histoire et non pas un guide pour sa vie quotidienne.

Là où son passé est devenu une source de mauvais souvenirs, je te prie de le racheter et de faire triompher la vie. Panse ses blessures (Psaume 147 : 3). Restaure son âme (Psaume 23 : 3).

Aide-le à lâcher son passé afin qu'il n'en vive plus esclave, mais que son passé soit une source d'instruction ; qu'il en brise le joug et qu'il s'avance vers l'avenir que tu as pour lui en réserve.

Quelques précieuses ressources

« Ne vous souvenez pas des premiers événements, et ne considérez plus ce qui est ancien. Voici que je fais une chose nouvelle, elle est maintenant en germe, ne la reconnaîtrez-vous pas ? Je mettrai un chemin dans le désert et des fleuves dans la terre aride. » Ésaïe 43 : 18-19

« Si quelqu'un est en Christ, il est une nouvelle créature. Les choses anciennes sont passées ; voici : (toutes choses) sont devenues nouvelles. » 2 Corinthiens 5 : 17

« (Dépouillez-vous), à cause de votre conduite passée, de la vieille nature qui se corrompt par les convoitises trompeuses, (et soyez) renouvelés par l'Esprit dans votre intelligence, et (revêtez-vous) de la nature nouvelle, créée selon Dieu dans une justice et une sainteté que produit la vérité. » Éphésiens 4 : 22-24

« C'est pourquoi nous ne perdons pas courage. Et même lorsque notre homme extérieur se détruit, notre homme intérieur se renouvelle de jour en jour. » 2 Corinthiens 4 : 16

« Il essuiera toute larme de leurs yeux, la mort ne sera plus, et il n'y aura plus ni deuil, ni cri, ni douleur, car les premières choses ont disparu. » Apocalypse 21 : 4

CHAPITRE VINGT

Son attitude

Personne n'aime fréquenter quelqu'un qui manifeste une mauvaise attitude. La vie est assez difficile sans avoir en plus à écouter quelqu'un qui est toujours en train de se plaindre.

Je connais un homme qui est tellement habitué à être en colère que c'est là sa première réaction à tout ce qui se passe… y compris quand c'est une bonne nouvelle ! Quand quelque chose de merveilleux arrive, il trouve toujours à redire. Malheureusement, c'est l'exemple qu'il a reçu dans son enfance, si bien qu'il a appris à réagir ainsi de longue date. Il se peut que personne ne lui ait jamais montré comment jouir de la vie. Mais c'est lui qui choisit de persister à laisser le passé contrôler les choix qu'il fait. À cause de cela, non seulement il ne sera jamais heureux, mais son entourage non plus.

Nous ne voulons pas vivre de cette façon, pas plus que nous ne voulons être obligés de supporter quelqu'un de semblable.

Sans donner de noms, je vous assure que je suis une experte quand il s'agit de prier pour quelqu'un qui est animé d'une mauvaise attitude. Je dois reconnaître qu'il m'a fallu longtemps pour cesser de réagir face à des attitudes négatives pour plutôt avoir recours à la prière. Cela s'est cependant avéré très payant, et je continue d'y travailler pour parfaire ce mode de réaction. Chaque fois que j'ai prié pour un esprit de joie dans le cœur de telle personne, j'ai vu des résultats tangibles, ce qui m'a aussi aidée à mieux réagir !

Quelqu'un de désagréable, austère, rancunier et négatif l'est devenu pour diverses raisons. Par contre, s'il reste dans cet état d'esprit, c'est à cause d'une volonté obstinée qui refuse de recevoir l'amour de Dieu. La Bible dit que nous avons le choix de ce qui entre dans notre cœur (Psaume 101 : 4). C'est nous qui choisissons de nous endurcir ou non face à l'amour de Dieu (Proverbes 28 : 14).

Nous choisissons notre attitude. Nous choisissons de recevoir l'amour du Seigneur. Nous permettons à une attitude de reconnaissance de remplir notre cœur.

Si votre mari se complaît dans une attitude constamment chagrine et que votre couple soit solide, vous n'en serez pas moins malheureux ; si votre couple est fragile, ce sera insupportable. L'habitude de réagir négativement affectera tous les domaines de sa vie. Bien sûr, vous ne pouvez pas contrôler la volonté de votre mari, mais vous pouvez prier pour qu'elle change pour s'aligner sur la volonté de Dieu. Priez que son cœur soit purifié, car la Bible promet que celui qui a un cœur pur verra Dieu (Matthieu 5 : 8). Priez qu'il soit joyeux (Proverbes 15 : 13). Quelle femme ne voudrait pas que son mari voie Dieu et soit joyeux ? Priez que son cœur soit rempli de louange, de reconnaissance, d'amour, et de joie.

« L'homme bon tire du bien de son bon trésor, et l'homme mauvais tire du mal de son mauvais trésor » (Matthieu 12 : 35).

Même s'il n'y a pas tout de suite des changements majeurs, son cœur sera certainement attendri par vos prières. Cela vous aidera tout au moins à avoir vous-même une meilleure attitude en attendant que la sienne s'améliore.

Prière

Seigneur, remplis aujourd'hui même *(nom de votre mari)* de ton amour et de ta paix. Qu'il soit plein de sérénité, de calme et de bien-être, établi en toi, et que sa vie soit sous ton contrôle plutôt que sous celui de sa chair. Rends-le capable de rentrer le soir dans cette maison avec un cœur propre et pur devant toi (Psaume 101 : 2). Fais briller la lumière de ton Esprit sur lui et remplis-le de ton amour.

Je prie qu'il devienne bon et patient, plutôt qu'égoïste et facilement irritable. Rends-le capable de supporter tout, de croire tout, d'espérer tout et d'endurer tout (1 Corinthiens 13 : 7). Libère-le de toute colère, inquiétude, anxiété, soucis, tourments intérieurs, conflits et autres pressions. Qu'il ne soit pas brisé dans son esprit à cause de la peine (Proverbes 15 : 13), mais qu'il jouisse du festin perpétuel d'un cœur joyeux (Proverbes 15 : 15). Donne-lui un esprit de joie et garde-le pour qu'il ne devienne jamais un vieux grincheux.

Aide-le à ne s'inquiéter de rien, mais à rendre grâces en toutes choses afin qu'il connaisse ta paix qui surpasse toute intelligence. Qu'il en arrive à dire : « *J'ai appris à me contenter de l'état où je me trouve* » (Philippiens 4 : 11). Je dis en ce jour à *(nom de votre mari)* : « *Que l'Éternel te bénisse et te garde ! Que l'Éternel fasse briller sa face sur toi et t'accorde sa grâce ! Que l'Éternel lève sa face vers toi et te donne la paix !* » (Nombres 6 : 24-26).

Quelques précieuses ressources

« Ne vous inquiétez de rien ; mais, en toutes choses, par la prière et la supplication, avec des actions de grâces, faites connaître à Dieu vos demandes. Et la paix de Dieu, qui surpasse toute intelligence, gardera vos cœurs et vos pensées en Christ-Jésus. »

Philippiens 4 : 6-7

« Rejetez loin de vous tous les crimes qui vous ont rendus criminels ; faites-vous un cœur nouveau et un esprit nouveau. »

Ézéchiel 18 : 31

« Une ville forcée et sans murailles, tel est l'homme qui n'est point maître de lui-même. » Proverbes 25 : 28

« Et quand j'aurais (le don) de prophétie, la science de tous les mystères et toute la connaissance, quand j'aurais même toute la foi jusqu'à transporter des montagnes, si je n'ai pas l'amour, je ne suis rien. » 1 Corinthiens 13 : 2

« Entrez dans ses portes avec reconnaissance, dans ses parvis avec la louange ! Célébrez-le, bénissez son nom ! »

Psaume 100 : 4

Chapitre Vingt-et-Un

Son couple

Avant de me marier, un des traits de caractère que je voulais absolument trouver chez mon futur mari était un désintérêt profond pour le sport. Je détestais l'idée de passer le restant de mes jours avec quelqu'un qui passerait tout son temps libre sur le divan avec la télécommande à la main, zappant du football au base-ball, en passant par le basket-ball et le golf. L'une des choses que j'ai admirées chez Michael quand nous avons commencé à sortir ensemble, c'était le fait qu'il n'ait jamais dit un mot sur le sport quand nous étions tous les deux. En fait, il disait même qu'il trouvait cela ennuyeux. Imaginez à quel point j'ai été sous le choc le jour où, plusieurs années après notre mariage, il ne s'est pas seulement intéressé au sport, mais il en est devenu obsédé ! Si l'équipe de Chicago perdait au football, c'était plus ou moins toute la famille qui perdait. Quand il gagnait, tout le monde devait subir ses hurlements. Il ne pouvait pas se contenter de regarder un match de temps en temps : il fallait qu'il les voie tous ! Et il n'était pas un spectateur passif. Quand il allait aux matchs, il s'habillait aux couleurs de l'équipe et sautait dans tous les sens. J'ai bien essayé de l'y accompagner, mais j'étais plus attirée par le stand de *hot dogs*. J'ai aussi essayé de regarder du sport avec lui à la télé, mais je m'ennuyais mortellement. J'étais exaspérée à l'idée qu'il puisse préférer suivre un événement sportif que passer la soirée avec sa famille.

Ce n'est que des années plus tard, quand je me suis vraiment mise à prier pour notre couple, que les choses ont changé. Pour une raison qui me dépasse, Dieu n'a pas enlevé l'intérêt pour le sport du cœur de mon mari comme je lui ai demandé. Au lieu de cela, il m'a donné sa paix et une nouvelle perspective de la situation. Nous sommes parvenus à un compromis : je ne l'empêcherais pas de regarder du sport s'il n'exigeait pas que je fasse semblant de m'y intéresser. Je ne l'accuserais pas de m'avoir délibérément induite en erreur avant le mariage s'il m'accordait cette même concession. Cela peut sembler bien peu de choses, mais c'est une façon d'éviter que ces problèmes ne s'accumulent ; ce sont parfois ces « petites choses » qui peuvent sauver ou perdre un mariage.

Prier pour tous les aspects du mariage empêche la pensée du divorce de prendre peu à peu racine dans votre esprit. Nous devons donc veiller à ne rien négliger, même quand nous ne considérons pas que ces situations nous concernent. Depuis le jour de notre mariage, j'ai prié que ni divorce ni adultère ne fasse jamais partie de notre avenir. Cela n'avait pas été le cas dans nos familles respectives, mais le divorce et l'adultère ont tellement saturé notre culture et les cercles dans lesquels nous évoluons qu'il semblait parfois que notre entourage les considérait comme inévitables. Je priais Dieu de préserver notre couple d'une telle destruction. Il a été fidèle pour répondre à ces prières.

Le mariage est merveilleux quand les deux partenaires y entrent avec un engagement mutuel à tout faire pour le garder fort quoi qu'il advienne. Mais dans le couple, chacun se fait souvent des idées sur ce qu'est réellement l'autre et sur ce qu'est le mariage, jusqu'à ce que la réalité les rattrape. C'est alors que leur royaume peut facilement être divisé. Il vous faut prier continuellement pour que toute attente irréaliste soit mise en évidence et que les incompatibilités soient surmontées afin de pouvoir grandir ensemble dans l'unité, l'engagement, et l'intimité. Priez que votre couple soit un lieu où les deux soient en accord afin que Dieu y demeure (Matthieu 18 : 19-20). Si l'un ou l'autre d'entre vous a déjà été marié auparavant, priez afin que vous n'introduisiez pas de résidus de votre ancien mariage dans le nouveau. Brisez tout lien, qu'il soit bon ou mauvais, émotionnel ou spirituel. Vous ne pourrez pas aller de l'avant vers l'avenir si vous gardez un pied dans le passé.

Ne prenez jamais votre couple pour acquis, aussi merveilleux soit-il. *« Que celui qui croit être debout prenne garde de ne pas tomber »* (1 Corinthiens 10 : 12). Priez que votre couple soit protégé de toute personne ou situation qui pourrait le mettre en péril. Demandez au Seigneur de faire tout ce qui est nécessaire pour que votre couple intact, même si cela signifie vous frapper par la foudre quand vous pensez à tout abandonner ! Priez que Dieu fasse de votre couple une source de joie et de vie pour vous deux, plutôt qu'une corvée, une écharde, un fardeau, un sujet d'irritation et une condition provisoire.

Prière

Seigneur, je te prie de protéger notre mariage et de le garder de tout ce qui pourrait l'affaiblir ou le détruire. Garde-nous de notre propre égoïsme ou négligence, de tout mauvais plan ou de mauvaises intentions venant des autres, ainsi que de toute situation malsaine ou dangereuse. Qu'aucune pensée d'infidélité ou de divorce ne puisse envahir nos cœurs, ni maintenant ni dans l'avenir. Libère-nous des blessures du passé, des souvenirs et des liens dus à d'anciennes relations, ainsi que d'attentes irréalistes que l'on pourrait avoir l'un à l'égard de l'autre. Je prie qu'il n'y ait pas de jalousie dans nos cœurs, ni de cette piètre image de soi qui la précède. Ne laisse rien entrer dans nos cœurs qui pourrait menacer notre mariage de quelque façon, en particulier des influences telles que l'alcool, la drogue, les jeux d'argent, la pornographie, la convoitise ou les obsessions.

Unis-nous dans l'amitié, l'engagement, la générosité et la compréhension. Élimine toute immaturité, hostilité et tout sentiment d'incapacité. Aide-nous à prendre du temps l'un pour l'autre, entretenir et renouveler notre relation en nous souvenant des raisons qui nous ont poussés à nous marier. Je te prie, Seigneur, que *(nom de votre mari)* te soit tellement consacré que son engagement envers moi ne pourra pas flancher, quelles que soient les tempêtes qui se présentent contre nous. Je prie que notre amour l'un pour l'autre grandisse chaque jour un peu plus, afin que nous ne laissions jamais de divorce en héritage à nos enfants.

Quelques précieuses ressources

« Deux valent mieux qu'un, parce qu'ils ont un bon salaire de leur peine. Car, s'ils tombent, l'un relève son compagnon ; mais malheur à celui qui est seul et qui tombe, sans avoir un second pour le relever ! » Ecclésiaste 4 : 9-10

« Prenez donc garde en votre esprit : que personne ne trahisse la femme de sa jeunesse ! Car haïssable est la répudiation, dit l'Éternel, le Dieu d'Israël. Ainsi que celui qui couvre de violence

son vêtement, dit l'Éternel des armées. Vous prendrez donc garde en votre esprit : Vous ne serez pas des traîtres. »

Malachie 2 : 15-16

« Que le mariage soit honoré de tous, et le lit conjugal exempt de souillure. Car Dieu jugera les débauchés et les adultères. »

Hébreux 13 : 4

« De même, si l'on se couche à deux, on a chaud ; mais celui qui est seul, comment se réchauffera-t-il ? » Ecclésiaste 4 : 11

« À ceux qui sont mariés, j'ordonne — non pas moi, mais le Seigneur — que la femme ne se sépare pas de son mari ; si elle est séparée, qu'elle demeure sans se marier ou qu'elle se réconcilie avec son mari, et que le mari ne répudie pas sa femme. »

1 Corinthiens 7 : 10-11

CHAPITRE VINGT-DEUX

Ses émotions

Marc utilisait la colère pour contrôler sa famille. Chaque membre de la famille avait tellement peur de ses crises de colère qu'ils vivaient en marchant sur des œufs, cédant à ses quatre volontés par crainte plutôt que par amour.

Quand sa femme Lucie réalisa qu'elle n'avait pas à subir sa colère, mais qu'en s'y pliant, elle désobéissait même à Dieu, les choses commencèrent à changer : *« Ne fréquente pas quelqu'un de coléreux, ne va pas avec un homme furieux, de peur que tu ne t'habitues à ses sentiers, et que tu n'y trouves un piège pour ta vie »* (Proverbes 22 : 24,25).

Lucie comprit dès lors qu'elle pouvait toujours aimer son mari sans approuver son péché, si bien qu'elle commença à prier avec ferveur et régulièrement, seule et avec un groupe de partenaires de prière. Elle pria afin qu'il ne soit plus contrôlé par ses émotions mais plutôt par le Saint-Esprit. Ses prières l'ont non seulement aidée à y voir plus clair au point de prendre conscience de son comportement, mais elles ont aussi contribué à l'aider à se fortifier et prendre courage pour améliorer ses réactions. *« Un cadeau fait en secret apaise la colère »* (Proverbes 21 : 14). Le meilleur cadeau qu'une femme puisse faire en secret pour calmer la colère de son mari, c'est de prier pour lui.

Jacques a vécu pendant des années dans les tourments d'une dépression chronique. Bien que sa femme, Marilyne, fût dynamique, ses sentiments négatifs ont eu raison d'elle, l'entraînant dans le même désespoir que lui. Puis elle a lu les textes qui parlent des expériences du roi David et a constaté qu'ils décrivaient exactement les sentiments de son mari : *« Car mon âme est rassasiée de maux, et ma vie touche au séjour des morts. Je suis compté parmi ceux qui descendent dans la fosse, je suis comme un homme qui n'a plus de force »* (Psaume 88 : 3-4). *« Je suis courbé, accablé à l'extrême ; tout le jour je marche dans la tristesse... Je suis sans force, tout à fait brisé ; je gémis à cause du trouble de mon cœur »* (Psaume 38 : 6-8).

Marilyne a vu qu'en dépit d'un tel désespoir, David trouva de l'espoir dans le Seigneur et s'éleva au-dessus de sa condition. *« Éternel ! Tu as fait remonter mon âme du séjour des morts, tu m'as fait revivre loin de ceux qui descendent dans la fosse »* (Psaume 30 : 3). *« Je serai dans l'allégresse et dans la joie par ta bienveillance, car tu vois mon malheur, tu connais les angoisses de mon âme »* (Psaume 31 : 7). *« Approche-toi de mon âme, rachète-la ! »* (Psaume 69 : 18). Elle sentit alors toute la compassion de Dieu pour Jacques, ce qui déclencha en elle une étincelle d'espoir : elle pouvait croire que ces prières seraient la clé de sa liberté face à l'emprise de la dépression !

Elle dit alors à Jacques qu'elle s'était engagée à prier pour lui chaque jour et qu'elle voulait qu'il lui dise comment il se sentait au fil des jours. Dès le premier jour, ils remarquèrent tous les deux que chaque fois qu'elle priait, il reprenait courage. Très vite, la puissance de la prière devint si évidente qu'il ne pouvait plus le nier et se mit à prier avec elle. Son état n'a fait que s'améliorer depuis lors. Ses périodes de dépression sont désormais moins fréquentes et il est capable de les surmonter bien plus vite. Ils sont tous les deux déterminés à persévérer à rechercher Dieu jusqu'à la totale délivrance de Jacques.

La colère et la dépression sont deux des nombreuses émotions négatives qui peuvent tourmenter l'âme d'un homme. Il s'agit souvent simplement d'une façon habituelle de penser qui a pris de plus en plus de place. Les hommes ont tendance à penser qu'il s'agit là d'un aspect de leur caractère qu'ils ne peuvent pas changer, mais ces mécanismes peuvent être brisés. Ne restez pas là à regarder votre mari se laisser manipuler par ses émotions. La prière pourrait bien s'avérer être la clé de sa liberté !

Prière

Seigneur, tu as dit dans ta Parole que tu rachètes nos âmes quand nous nous confions en toi (Psaume 34 : 22). Je prie que *(nom de votre mari)* ait foi en toi afin que tu rachètes son âme de ses émotions négatives. Qu'il ne puisse jamais être contrôlé par la dépression, la colère, l'anxiété, la jalousie, le désespoir, la crainte ou les pensées de suicide. Je prie en particulier pour *(préciser quel domaine)*. Délivre-le de cela et de toute autre émotion qui chercherait à le contrôler (Psaume 40 : 17). Je sais que toi seul peux délivrer et guérir, mais sers-toi de moi comme instrument de restauration. Quand il traverse des moments difficiles, garde-moi de sombrer avec lui. Aide-moi plutôt à le comprendre et à avoir des mots qui communiquent la vie.

Libère-le afin qu'il puisse partager avec moi ses sentiments les plus profonds ainsi qu'avec d'autres personnes qui pourraient l'aider. Affranchis-le afin qu'il pleure quand il en a besoin et qu'il ne refoule pas ses émotions au fond de lui. En même temps, accorde-lui le don de rire et la capacité d'avoir le sens de l'humour même dans les situations les plus sérieuses. Apprends-lui à détourner ses regards des circonstances et à te faire confiance, en dépit de ses sentiments. Donne-lui la patience de posséder son âme et la capacité de la maîtriser (Luc 21 : 19). Oins-le d'une « *huile de joie* » (Ésaïe 61 : 3), rafraîchis-le par ton Esprit, et libère-le de toute émotion négative dans cette journée.

Quelques précieuses ressources

« Celui qui a confiance dans son propre cœur est un insensé, Mais celui qui marche dans la sagesse sera délivré. »

Proverbes 28 : 26

« Voici que l'œil de l'Éternel est sur ceux qui le craignent, sur ceux qui s'attendent à sa bienveillance. Afin d'arracher leur âme à la mort et de les faire vivre pendant la famine. »

Psaume 33 : 18-19

« J'avais mis en l'Éternel mon espérance ; et il s'est incliné vers moi, il a écouté mon cri. Il m'a retiré de la fosse de destruction, du fond de la boue ; il a dressé mes pieds sur le roc, en affermissant mes pas. Il a mis dans ma bouche un cantique nouveau, une louange à notre Dieu ; beaucoup le verront et auront de la crainte ; ils se confieront en l'Éternel. » Psaume 40 : 1-3

« Il restaure mon âme, il me conduit dans les sentiers de la justice, à cause de son nom. » Psaume 23 : 3

« L'Éternel libère l'âme de ses serviteurs, et tous ceux qui se réfugient en lui échapperont à la condamnation. »

Psaume 34 : 22

CHAPITRE VINGT-TROIS

Sa marche

J'entends par la « marche d'un homme » son voyage à travers la vie, sa direction, son but et les étapes qu'il franchit pour y parvenir. Chaque jour, il choisit un certain chemin. Un de ces chemins lui permettra d'avancer. Tous les autres le feront reculer. La façon dont il marche affecte tous les autres aspects de son être : sa relation avec les autres, sa façon de traiter sa famille, comment les gens le voient et même son aspect. J'ai vu des hommes qui n'avaient rien d'attrayant changer du tout au tout en apprenant à marcher par l'Esprit de Dieu. Tandis que l'image de Christ s'imprimait de plus en plus en eux, ils développaient une richesse de l'âme, une pureté glorieuse, et une assurance intérieure de savoir qu'ils étaient désormais sur la bonne voie. Cela leur donnait une force et un sens de leur destinée qui les rendait non seulement attrayant, mais aussi « magnétique ».

La Bible en dit long sur ce que devrait être notre marche. Nous devons marcher dans la droiture morale : *« Il ne refuse pas le bonheur à ceux qui marchent dans l'intégrité »* (Psaumc 84 : 11). Nous devons marcher dans l'intégrité car : *« Celui qui marche dans l'intégrité sera sauvé »* (Proverbes 28 : 18). Nous devons marcher en choisissant bien nos conseillers : *« Heureux l'homme qui ne marche pas selon le conseil des méchants »* (Psaume 1 : 1). Nous devons marcher dans l'obéissance car : *« Heureux quiconque craint l'Éternel et marche dans ses voies ! »* (Psaume 128 : 1). Nous devons marcher aux côtés des sages : *« Celui qui marche avec les sages devient sage »* (Proverbes 13 : 20). Nous devons marcher dans l'intégrité car : *« Celui qui marche dans l'intégrité marchera en sécurité »* (Proverbes 10 : 9). Par-dessus tout, nous sommes appelés à marcher sur le chemin de la sainteté : *« Il y aura là un chemin frayé, une voie, qu'on appellera la voie sainte ; nul impur n'y passera ; elle sera pour eux seuls ; ceux qui la suivront, même les insensés, ne pourront s'égarer »* (Ésaïe 35 : 8). Ce qui est merveilleux quand on marche sur le chemin de la sainteté, c'est que si nous commettons une erreur, nous ne serons pas jetés hors du chemin pour autant.

Lucien, le mari de Marie-Claire, est un homme pieux que personne ne considérerait comme un insensé. Il a cependant agi impulsivement en faisant l'investissement d'une somme assez importante qui, avec le recul du temps, s'avéra être un très mauvais choix. Il perdit tout cet argent et davantage encore à cause des frais occasionnés. Cette affaire aurait pu détruire leur équilibre financier, leur santé et même leur couple. Mais parce que Lucien marchait fermement dans l'obéissance et la sainteté devant le Seigneur, ils ont été épargnés. Le fait de s'être précipité sur le chemin et d'avoir agi de façon irréfléchie sans attendre la direction de Dieu l'a plongé dans de grandes difficultés, mais il n'a pas été détruit pour cela.

Jésus a dit qu'il n'y avait qu'un seul chemin par lequel entrer, une seule porte pour pénétrer. *« Je suis le chemin »* (Jean 14 : 6).

Le chemin qui mène à la destruction est large et spacieux, et nombreux sont ceux qui le choisissent. *« Mais étroite est la porte et resserré le chemin qui mènent à la vie, et il y en a peu qui le trouvent »* (Matthieu 7 : 14). Priez que votre mari le trouve.

Priez qu'il soit guidé par le Saint-Esprit de Dieu. Priez qu'il reste sur le bon chemin en plaçant toute sa foi en la Parole de Dieu, avec un cœur obéissant et une profonde repentance pour toute action qu'il a commise et qui n'aurait pas été la volonté de Dieu pour sa vie. La foi et l'obéissance le garderont sur le chemin de la sainteté ; c'est en marchant par l'Esprit, et non selon la chair, qu'il y persévérera.

Dieu veut diriger votre mari à chacun de ses pas (Galates 5 : 25), afin qu'il puisse marcher avec lui et grandir à son image.

Un homme qui marche avec Dieu est certainement attrayant !

Prière

Seigneur, *« je reconnais, Éternel, qu'à l'être humain n'appartient pas sa conduite ; ce n'est pas à l'homme, quand il marche, à diriger ses pas »* (Jérémie 10 : 23). Je prie donc, Seigneur, que tu diriges les pas de mon mari. Conduis-le dans ta lumière, sur ton chemin, afin qu'il marche selon ta vérité. Je prie que sa marche avec toi soit de plus en plus profonde et qu'il ait toujours plus soif de ta Parole. Puisse ta présence être pour lui un mets succulent dont il ne peut pas se passer. Dirige-le dans tes voies et fais qu'il soit prompt à confesser ses égarements. Révèle-lui tout péché caché qui pourrait l'empêcher de marcher droitement devant toi. Qu'il puisse connaître une profonde repentance quand il ne marche pas dans l'obéissance à tes lois. Crée en lui un cœur pur et renouvelle en lui un esprit bien disposé. Ne le rejette pas loin de ta présence, et ne lui retire pas ton Saint-Esprit (Psaume 51 : 10-11).

Seigneur, ta Parole dit que ceux qui vivent selon la chair ne peuvent pas te plaire (Romains 8 : 8).

Je te prie donc de rendre *(nom de votre mari)* capable de marcher selon l'Esprit et non selon la chair, et qu'il se garde ainsi du *« sentier des violents »* (Psaume 17 : 4). Tandis qu'il marche selon l'Esprit, puisse-t-il manifester le fruit de l'Esprit, qui est amour, joie, paix, patience, bonté, bienveillance, fidélité, douceur et maîtrise de soi (Galates 5 : 22-23). Garde-le sur le chemin de la sainteté afin qu'il puisse être tout à toi dans tous les domaines de sa vie.

Quelques précieuses ressources

« Je vous exhorte... à marcher d'une manière digne de la vocation qui vous a été adressée, en toute humilité et douceur, avec patience. Supportez-vous les uns les autres avec amour. »

Éphésiens 4 : 1,2

« Celui qui marche dans la justice et qui parle selon la droiture, qui refuse un gain acquis par extorsion, qui secoue les mains pour ne pas toucher un présent, qui ferme l'oreille pour ne pas entendre des propos sanguinaires et qui se bande les yeux pour ne pas voir le mal, celui-là habitera dans les lieux élevés ; des rocs fortifiés seront sa retraite ; le pain lui sera donné, et l'eau lui sera assurée. » Ésaïe 33 : 15-16

« Puisque nous avons de telles promesses, bien-aimés, purifions-nous de toute souillure de la chair et de l'esprit, en développant jusqu'à son terme la sainteté dans la crainte de Dieu. »

2 Corinthiens 7 : 1

« Éternel ! qui séjournera dans ta tente ? Qui demeurera sur ta montagne sainte ? Celui qui marche dans l'intégrité, qui pratique la justice et qui dit la vérité selon son cœur. » Psaume 15 : 1-2

« J'aurai les yeux sur les fidèles du pays, pour qu'ils habitent auprès de moi ; celui qui marche dans la voie des gens intègres sera à mon service. » Psaume 101 : 6

Chapitre Vingt-Quatre

Ses paroles

Avez-vous déjà observé un homme qui est beau parleur mais qui n'agit jamais ? Certains passent plus de temps à se vanter de ce qu'ils font qu'à… le faire ! En fait, ils ne vont nulle part. *« En effet, le rêve vient de la foule des soucis et la voix de l'insensé se fait entendre par une foule de paroles »* (Ecclésiaste 5 : 3). Les rêves ne se réalisent pas en passant plus de temps à en parler qu'à prier et agir pour les réaliser.

Avez-vous déjà côtoyé un homme en colère, grossier, et irrespectueux dans son langage ? Ses propos donnent à ses auditeurs un sentiment désagréable et inconfortable qui les incite à vouloir garder leurs distances.

« Que toute amertume, animosité, colère, clameur, calomnie, ainsi que toute méchanceté soient ôtées du milieu de vous » (Éphésiens 4 : 31). Les bonnes choses de la vie semblent ne pas

s'attarder auprès de ceux qui ne laissent rien de bon sortir de leur bouche.

Connaissez-vous quelqu'un qui se plaint tout le temps ? Quoi qu'il arrive, il trouve toujours un sujet de mécontentement. *« Faites tout sans murmures ni discussions, pour être irréprochables et purs, des enfants de Dieu sans reproche au milieu d'une génération corrompue et perverse, parmi laquelle vous brillez comme des flambeaux dans le monde »* (Philippiens 2 : 14-15). Les paroles négatives amènent des résultats négatifs et les choses vont rarement dans le bon sens pour celui qui tient constamment de tels propos.

Connaissez-vous un homme qui est prompt à parler sans réfléchir aux conséquences de ses paroles ? Il ouvre la bouche sans peser l'impact que peut avoir ce qu'il dit. *« Le cœur du juste médite pour répondre, mais la bouche des méchants déverse de mauvaises paroles »* (Proverbes 15 : 28). *« Si tu vois un homme irréfléchi dans ses paroles, il y a plus d'espérance pour un insensé que pour lui »* (Proverbes 29 : 20). Celui qui parle à la légère sans mesurer la portée de ses paroles se prépare des temps douloureux dans l'avenir.

Avez-vous déjà vu un homme qui décourage par ses propos son épouse, son enfant, un ami, ou un collègue ? *« La mort et la vie sont au pouvoir de la langue ; celui qui l'aime en mangera les fruits »* (Proverbes 18 : 21). Cet homme attirera ainsi sur lui-même la destruction.

Nos paroles peuvent nous justifier ou nous condamner (Matthieu 12 : 37). Elles peuvent nous donner l'occasion de nous réjouir (Proverbes 15 : 23), nous corrompre et nous déshonorer (Matthieu 15 : 11). Ce que nous disons peut édifier ou briser l'esprit de la personne qui nous entend (Proverbes 15 : 4). Les conséquences de nos paroles sont si grandes que nos paroles peuvent nous amener à la ruine ou nous sauver (Proverbes 13 : 3).

Chacun doit choisir ce qu'il va dire, et celui qui dit de bonnes paroles sera récompensé. *« Celui qui garde sa bouche et sa langue garde son âme de la détresse »* (Proverbes 21 : 23). Écoutez comment parle votre mari. Ce qui sort de sa bouche révèle l'état de son cœur. *« Car c'est de l'abondance du cœur que la bouche parle »* (Matthieu 12 : 34). Si vous l'entendez se plaindre, parler négativement, tenir des propos insensés, ou qui détruisent et tuent quelqu'un, il souffre de l'épanchement d'un cœur négatif. Priez que le Saint-Esprit puisse convaincre son cœur, le remplir de son amour, de sa paix et de sa joie, et lui apprendre à parler autrement.

Prière

Seigneur, je prie que ton Saint-Esprit garde la bouche de mon mari afin qu'il ne prononce que des paroles édifiantes et qui communiquent la vie. Aide-le à ne pas rouspéter, se plaindre, ni être vulgaire, ni destructif par ses propos, mais à être assez discipliné pour avoir des conversations saines et pures. Ta Parole dit qu'un homme qui désire vivre longtemps doit garder sa langue du mal et ses lèvres de la tromperie (Psaume 34 : 12-13). Montre-lui comment le faire. Remplis-le de ton amour afin que son cœur déborde de paroles constructives et non destructives. Fais-le aussi dans mon propre cœur.

Puisse ton Esprit d'amour régner sur les paroles que nous échangeons afin que nous nous comprenions bien et que nous ne nous blessions pas l'un l'autre. Aide-nous à nous montrer du respect mutuel, à prononcer des paroles qui encouragent, à partager nos sentiments ouvertement, et à parvenir à nous entendre sans entrer en conflit. Seigneur, tu as dit dans ta Parole que lorsque deux personnes s'accordent, tu es présent au milieu d'elles. Je prie afin que l'inverse soit vrai aussi : que tu sois au milieu de nous afin que nous puissions être d'accord. *« Reçois favorablement les paroles de ma bouche et la méditation de mon cœur en ta présence, ô Éternel, mon rocher et mon rédempteur ! »* (Psaume 19 : 14).

Quelques précieuses ressources

« Qu'il ne sorte de votre bouche aucune parole malsaine, mais s'il y a lieu, quelque bonne parole qui serve à l'édification nécessaire et communique une grâce à ceux qui l'entendent. »

Éphésiens 4 : 29

« Je vous le dis : au jour du jugement, les hommes rendront compte de toute parole vaine, qu'ils auront proférée. »

Matthieu 12 : 36

« Quel est l'homme qui désire la vie, qui aime de longs jours pour voir le bonheur ? Préserve ta langue du mal, et tes lèvres des paroles trompeuses. »

Psaume 34 : 12-13

« Les paroles de la bouche du sage sont pleines de grâce ; mais les lèvres de l'insensé causent sa perte. »

Ecclésiaste 10 : 12

« Mais ce qui sort de la bouche provient du cœur, et c'est ce qui rend l'homme impur.» Matthieu 15 : 18

CHAPITRE VINGT-CINQ

Sa repentance

Suzanne a prié chaque jour pendant des années que son mari, Julien, arrête de se droguer. Mais elle le retrouvait chaque fois en train de faire la même chose. Chaque fois, il confessait sa faute, s'excusait, et promettait qu'il n'allait jamais recommencer. Mais chaque fois, il retombait. Elle n'a jamais cessé de prier pour que la véritable repentance – celle qui change un homme et le fait marcher dans une nouvelle direction – change son cœur.

Malheureusement, Julien devait apprendre des leçons difficiles et douloureuses avant que Dieu ne parvienne à capter son attention. Aujourd'hui, il est un homme nouveau, et avec Suzanne, il a un ministère efficace en aidant les personnes qui ont de tels problèmes. Suzanne était une épouse de prière qui n'a jamais cessé de croire que Dieu amènerait son mari à la repentance.

Tout le monde fait des erreurs. Là n'est pas la question.

Mais il y a une épidémie dans le monde d'aujourd'hui qui fait que tant de gens ne peuvent pas admettre qu'ils ont mal agi. Dieu dit : *« Si nous confessons nos péchés, il est fidèle et juste pour nous les pardonner, et pour nous purifier de toute iniquité »* (1 Jean 1 : 9). Mais d'abord, nous devons demander pardon pour ce que nous avons fait.

Selon la manière dont Dieu fait les choses, il y a trois étapes qui mènent au changement de notre comportement. Premièrement il y a la *confession*, ce qui signifie *admettre* notre faute. Ensuite il y a la *repentance*, ce qui revient à *être désolé* de ce que nous avons fait. Et enfin il y a *demander pardon*, ce qui nous amène à *être lavé et libéré* de ce que nous avons fait. L'incapacité ou la résistance à passer par l'une de ces trois étapes prend racine dans la fierté. Un homme qui ne peut pas s'humilier pour admettre sa faute devant Dieu et devant les hommes aura des problèmes dans sa vie qui ne le quitteront jamais. *« Si tu vois un homme qui se croit sage, il y a plus à espérer d'un insensé que de lui »* (Proverbes 26 : 12).

Est-ce que votre mari a du mal à avouer ses fautes ? Ou alors est-ce que c'est le genre de personne qui peut dire « Pardonne-moi… » vingt fois par jour, sans que son attitude et sa manière de s'excuser ne changent jamais ? Dans chacun de ces deux cas, il a besoin d'un cœur repentant. La véritable repentance signifie avoir tellement de remords pour ce que l'on a fait que l'on ne le refait pas. Il n'y a que Dieu qui puisse nous faire voir notre péché tel qu'il est réellement et nous faire ressentir ce qu'il ressent. *« La bonté de Dieu te pousse à la repentance »* (Romains 2 : 4). La repentance est un cheminement amené par la grâce de Dieu, et nous pouvons prier pour qu'il soit instauré dans nos maris.

Trop d'hommes sont tombés à cause de leur fierté et de leur incapacité à se confesser et se repentir. Nous le voyons tout le temps. Nous le lisons dans les journaux. Les péchés qui ne sont pas confessés ne sont pas simplement oubliés. Ils deviennent un cancer qui croît et étouffe la vie. Priez pour que votre époux soit conscient de son péché, qu'il le confesse humblement devant Dieu ; ensuite, tournez la page et passez à autre chose. Dieu *« ne veut pas qu'aucun périsse, mais il veut que tous arrivent à la repentance »* (2 Pierre 3 : 9).

Ce genre de prière peut être très pénible pour la personne concernée, mais il est bien plus simple de voir Dieu illuminer notre péché de sa lumière qu'il ne l'est d'avoir à en subir les conséquences.

Votre mari vous sera reconnaissant tôt ou tard, même s'il ne vous l'avouera peut-être pas.

Prière

Seigneur, je prie que tu fasses réaliser à mon mari les erreurs dans sa vie. Fais en sorte qu'il n'y ait *« rien de caché qui ne soit révélé, ni de secret qui ne soit connu »* (Matthieu 10 : 26). Purifie-le de tout péché secret qu'il pourrait avoir et apprends-lui à être une personne qui confesse rapidement ses erreurs (Psaume 19 : 12).

Aide-le à reconnaître ses fautes. Donne-lui des yeux pour voir ta vérité et des oreilles pour entendre ta voix. Amène-le à une repen-tance complète devant toi. Si la souffrance est nécessaire, fais que ce soit la souffrance d'un cœur qui connaît le remords et non parce que la main destructrice de l'ennemi aurait trouvé une faille dans sa vie à cause d'un péché qui n'aurait pas été confessé. Seigneur, je sais que l'humilité doit venir avant l'honneur (Proverbes 15 : 33). Chasse toute fierté qui pourrait l'amener à nier ses fautes et travaille son âme pour qu'il ait un cœur humble afin qu'il puisse recevoir l'honneur que tu as pour lui.

Quelques précieuses ressources

« Si notre cœur ne nous condamne pas, nous avons de l'assurance devant Dieu. Quoi que ce soit que nous demandions, nous le recevons de lui, parce que nous gardons ses commandements et que nous faisons ce qui lui est agréable. »

1 Jean 3 : 21-22

« Celui qui dissimule ses fautes ne réussit pas. Mais celui qui les confesse et les délaisse trouve de la compassion. »

Proverbes 28 : 13

« Sonde-moi, ô Dieu, et connais mon cœur ! Éprouve-moi, et connais mes préoccupations ! Regarde si je suis sur une mauvaise voie, et conduis-moi sur la voie de l'éternité ! »

Psaumes 139 : 23-24

« Tant que je me suis tu, mes os se consumaient, je gémissais toute la journée ; car nuit et jour ta main pesait sur moi, ma vigueur n'était plus que sécheresse, comme celle de l'été. Je t'ai fait connaître mon péché, je n'ai pas couvert ma faute ; j'ai dit : "Je confesserai mes transgressions à l'Éternel !" Et toi, tu as enlevé la faute de mon péché. » Psaume 32 : 3-5

« Or il ne faut pas que le serviteur du Seigneur ait des querelles. Il doit au contraire être affable envers tous, avoir le don d'enseigner et de supporter ; il doit redresser avec douceur les contradicteurs, dans l'espoir que Dieu leur donnera la repentance, pour arriver à la connaissance de la vérité, pour revenir à leur bon sens et pour se dégager des pièges du diable qui les a capturés, afin de les soumettre à sa volonté. » 2 Timothée 2 : 24-26

CHAPITRE VINGT-SIX

Sa délivrance

Mélissa était préoccupée par « l'intérêt » de son mari pour l'alcool. Marc n'était pas vraiment un alcoolique, mais il montrait des symptômes qui faisaient penser à ceux de son père, qui *était* un alcoolique. Elle priait pour que cesse toute petite tendance similaire qui aurait pu être transmise à son époux, et elle priait également pour que leurs enfants n'héritent pas de cette faiblesse. Elle demandait à Dieu qu'il les garde même contre les *symptômes* de l'alcoolisme. Jusqu'à ce jour, son mari n'est pas devenu alcoolique et ses adolescents n'en montrent aucun signe. Elle sent que la puissance de Dieu en réponse à ses prières a joué un rôle majeur en les gardant d'hériter de cette condition.

Stéphanie était mariée à Jean depuis peu de temps avant qu'elle ne réalise qu'il luttait contre un esprit de convoitise. Le problème n'était pas qu'il ne l'aimait pas. Il luttait contre les péchés de son passé – un style de vie confus – duquel il ne s'était jamais totalement éloigné ou auquel il n'avait jamais tout à fait renoncé. Dès qu'elle se rendit compte qu'il en était captif, elle se mit à prier pour sa délivrance. Parce que c'était son désir à lui aussi, il n'a pas fallu longtemps avant qu'il en soit délivré.

Tout le monde a besoin de délivrance à un moment ou un autre, car toutes sortes de liens essaient de nous asservir. Dieu le sait. Pourquoi Jésus serait-il venu comme libérateur si nous n'avions pas besoin de délivrance ? Pourquoi nous aurait-il enseigné à prier : *« Délivre-nous du mal ! »* (Matthieu 6 : 13) si c'était inutile ? Pourquoi promettrait-il de nous délivrer de la tentation (2 Pierre 2 : 9), de l'emprise des violents (Psaume 140 : 1), des tendances qui nous détruisent (Proverbes 24 : 11), de toutes nos détresses (Psaume 34 : 18) et de la mort (2 Corinthiens 1 : 10), s'il n'avait pas l'intention de le faire ? Il est prêt et disposé à le faire. À nous de le lui demander. *« Invoque-moi au jour de la détresse ; Je te délivrerai, et tu me glorifieras »* (Psaume 50 : 15).

N'est-il pas réconfortant de savoir que lorsque nous sommes tenus captifs par l'emprise mortelle de nos circonstances, Dieu entend notre cri et envoie sa délivrance ? Il voit bien notre besoin. *« Car il se penche du haut de son lieu saint ; des cieux l'Éternel regarde sur la terre pour écouter les soupirs du prisonnier, pour délivrer ceux qui sont en danger de mort »* (Psaume 102 : 19-20). Comme il est glorieux d'être rempli de la certitude que, lorsqu'il semble n'y avoir aucune issue, Dieu peut nous arracher miraculeusement à notre condition et nous éloigner de tout ce qui cherche à nous dévorer (Psaume 25 : 15) ! Qui n'a pas besoin de cela ?

Même si votre mari a du mal à admettre qu'il a besoin d'aide, ce qui revient souvent pour les hommes à se considérer comme en situation d'échec, vos prières peuvent tout de même contribuer à l'aider à trouver sa délivrance. Vous pouvez prier le libérateur de le délivrer de quoi que ce soit qui le tient lié. Par la prière, vous pouvez rester forte et tenir tête à l'ennemi qui essaie de l'asservir. *« C'est pour la liberté que Christ nous a libérés. Demeurez donc fermes, et ne vous remettez pas de nouveau sous le joug de l'esclavage* » (Galates 5 : 1). À ma connaissance, la meilleure façon de rester forte est de se revêtir de toute l'armure de Dieu.

C'est ainsi que je prie pour moi-même et mon mari, et j'ai trouvé que cela était très efficace. Plutôt que de vous l'expliquer, laissez-moi vous l'exprimer à travers cette prière qui suit.

Prière

Seigneur, tu as dit de t'invoquer au jour de la détresse et que tu nous délivrerais (Psaume 50 : 15). Je t'invoque en cet instant et te demande de délivrer mon mari. Délivre-le de tout ce qui le tient lié. Libère-le de *(nommer quelque chose de précis)*. Délivre-le rapidement et sois son refuge et sa forteresse afin de le sauver (Psaume 31:2). Élève-le loin des mains de l'ennemi (Psaume 31:15).

Amène-le au point où il pourra comprendre comment le mal agit dans sa vie au point de t'appeler à son secours. Si la délivrance qu'il te demande n'est pas immédiate, garde-le du découragement et aide-le à garder l'assurance que toi, qui as commencé une bonne œuvre en lui, tu es capable de la mener à son terme (Philippiens 1 : 6). Donne-lui la certitude que même s'il était dans le pire des états, quand il se sent incapable de changer quoi que ce soit, toi, Seigneur, tu peux le changer.

Aide-le à comprendre que : *« Nous n'avons pas à lutter contre la chair et le sang, mais contre les principautés, contre les pouvoirs, contre les dominateurs des ténèbres d'ici-bas, contre les esprits du mal dans les lieux célestes »* (Éphésiens 6 : 12). Je prie qu'il soit fort dans le Seigneur et qu'il se revête de toute l'armure de Dieu afin de pouvoir résister contre les ruses du diable dans le mauvais jour. Aide-le à se ceindre de la vérité et à se couvrir de la cuirasse de la justice, en ayant aux pieds le zèle de l'Évangile. Rends-le capable de brandir le bouclier de la foi, avec lequel il pourra éteindre toutes les flèches enflammées du malin. Je prie qu'il mette le casque du salut, qu'il prenne l'épée de l'Esprit, qui est la Parole de Dieu, en priant en tout temps par toutes sortes de prières et de supplications par l'Esprit, veillant et tenant ferme jusqu'à la fin (Éphésiens 6 : 13-18).

Quelques précieuses ressources

« Éternel, mon roc, ma forteresse, mon libérateur ! Mon Dieu, mon rocher, où je me réfugie ! Mon bouclier, la force qui me sauve, ma haute retraite ! Je m'écrie : Loué soit l'Éternel ! Et je suis sauvé de mes ennemis. » Psaume 18 : 2-3

« Puisqu'il s'attache à moi, je le ferai échapper ; je le protégerai, puisqu'il connaît mon nom. » Psaume 91 : 14

« Il étend sa main d'en haut, il me saisit, il me retire des grandes eaux ; il me délivre de mon ennemi puissant, de ceux qui me haïssent, et qui sont plus forts que moi. Ils m'avaient affronté au jour de mon malheur ; mais l'Éternel fut mon appui. Il m'a fait sortir pour me mettre à l'aise, il m'a retiré, car il m'a pris en affection. » Psaume 18 : 16-19

« Car tu as délivré mon âme de la mort. Mes pieds n'ont-ils pas évité la chute, afin que je marche devant Dieu, dans la lumière des vivants ? » Psaume 56 : 13

« L'Esprit du Seigneur est sur moi, parce qu'il m'a oint pour guérir ceux qui ont le cœur brisé ; pour annoncer la bonne nouvelle aux pauvres ; il m'a envoyé pour proclamer aux captifs la délivrance, et aux aveugles le recouvrement de la vue, pour renvoyer libres les opprimés. » Luc 4 : 18

Chapitre Vingt-Sept

Son obéissance

Lise était préoccupée pour son mari Jonathan, qui ne grandissait pas autant qu'elle sur le plan spirituel. Sa relation avec le Seigneur s'approfondissait de jour en jour tandis qu'il semblait faire de plus en plus marche arrière. Elle était frustrée devant ce manque d'engagement spirituel, parce qu'elle aspirait à avancer et à vivre avec lui de nouvelles expériences dans ce domaine si vital de l'existence. Elle ne voulait pas être le champion spirituel de la maison. Chaque fois qu'elle abordait le sujet, Jonathan protestait, arguant que sa carrière l'absorbait trop pour qu'il ait le temps de prier et de lire la Parole de Dieu. Ses voyages d'affaires l'amenaient souvent à être absent le week-end si bien qu'il allait rarement à l'église avec Lise et les enfants.

Ce qui la gênait le plus, c'était que tout cela ne semblait pas *le* gêner ; en tout cas pas jusqu'à ce que son travail finisse par le dépasser et le submerger. Tandis qu'il était de plus en plus stressé, Lise voyait à quel point il était épuisé. Elle savait que s'il pouvait réaliser l'importance de prendre du temps chaque jour avec le Seigneur afin de recevoir de la force spirituelle, sa vie serait bien plus équilibrée. Elle savait tout autant qu'il n'était pas prêt à l'entendre le lui dire.

Lise savait que Dieu appelait Jonathan à faire un pas d'obéissance, mais elle décida de ne rien lui dire. Au lieu de cela, elle pria pour lui chaque jour afin qu'il ait de plus en plus soif de Dieu dans sa vie. Quoiqu'elle pria pendant des mois sans changement visible, il lui annonça calmement un beau matin : « Je vais au bureau de bonne heure aujourd'hui pour avoir du temps seul avec le Seigneur avant de faire quoi que ce soit d'autre ».

Elle remercia Dieu silencieusement.

Depuis lors, à de très rares exceptions, il a quitté la maison plus tôt pendant la semaine afin de lire sa Bible et de prier dans son bureau. Cela dure depuis deux ans, et sa discipline spirituelle a aussi généré une discipline physique. Il fait de l'exercice, mange de façon équilibrée, perd du poids quand il le juge utile, et a retrouvé une nouvelle énergie. Dieu seul pouvait faire cela pour lui.

Si vous observez bien votre mari et que vous le voyez marcher sur un mauvais chemin, devez-vous dire quelque chose ? Si oui, jusqu'à quel point et quel sera le bon moment pour le lui dire ? J'ai trouvé que la meilleure façon d'évaluer ces décisions est de les amener d'abord à Dieu pour qu'il les sonde en les plaçant sur ses balances. Peut-être vous indiquera-t-il de rester tout simplement silencieuse et de prier, comme il l'a fait pour Lise. Mais s'il vous conduit à parler à votre mari d'une question délicate, il y a bien plus de chance que Dieu puisse lui parler à travers vous si vous avez pris le temps de prier auparavant. Tout ce qu'il pourra percevoir comme une sorte de harcèlement produira l'effet inverse. Mieux vaudrait garder le silence. Prier que ses yeux s'ouvrent à la vérité et que son cœur soit convaincu sera bien plus efficace que de lui dire ce qu'il doit faire. Vous pouvez l'encourager à faire ce qui est juste et prier pour lui afin qu'il fasse de bons choix, mais en dernier ressort, c'est la voix de Dieu qui aura toujours le plus grand impact.

Aucun homme ne peut recevoir tout ce que Dieu a pour lui s'il ne vit pas dans l'obéissance. Jésus, qui ne tournait jamais autour du pot, a dit : *« Si tu veux entrer dans la vie, observe les commandements »* (Matthieu 19 : 17). Il savait que rien ne donnerait autant de paix et d'assurance à un homme que de savoir qu'il fait ce que Dieu veut qu'il fasse.

La Parole de Dieu promet qu'en obéissant à ses voies, votre mari trouvera miséricorde (Psaume 25 : 10), paix (Psaume 37 : 37), bonheur (Proverbes 29 : 18), plénitude (Proverbes 21 : 5), bénédictions (Luc 11 : 28) et vie (Proverbes 21 : 21). Ne pas vivre dans l'obéissance a des conséquences redoutables (Proverbes 15 : 10). Les prières restent inexaucées (Proverbes 28 : 9), et l'on est incapable d'entrer dans les grands projets de Dieu pour nos vies (1 Corinthiens 6 : 9).

Marcher dans l'obéissance n'est pas seulement en rapport avec le fait de garder les commandements de Dieu, mais aussi celui d'être attentifs à ses directives spécifiques. Par exemple, si Dieu dit à votre mari de se reposer et qu'il ne le fait pas, c'est de la désobéissance. S'il lui a ordonné de cesser de faire un certain travail et qu'il continue, c'est aussi de la désobéissance. S'il lui a dit de déménager à un autre endroit et qu'il ne le fasse pas, c'est là encore de la désobéissance…

Celui qui fait ce que Dieu demande bâtit sa maison sur le roc. Quand la pluie et le vent viennent frapper la maison, elle tiendra bon (Matthieu 7 : 24-27). Vous ne voulez certainement pas être le témoin de la destruction de votre foyer à cause de la désobéissance de votre mari dans quelque domaine que ce soit. Certes, vous n'êtes ni sa mère ni la Gestapo, mais votre rôle est de prier, et de parler *après* avoir reçu les ordres de Dieu.

Si la désobéissance de votre mari envers Dieu a déjà provoqué des dégâts dans votre foyer, sachez que Dieu honorera votre obéissance et qu'il veillera à ce que vous ne soyez pas anéantie. Il répandra sa bénédiction sur vous et restaurera ce qui a été perdu. Continuez à prier que votre mari n'ait pas de difficulté auditive quand il s'agit de la voix de Dieu, et qu'il ait la force, le courage et la motivation pour agir en fonction de ce qu'il entend.

Prière

Seigneur, tu as dit dans ta Parole que si nous conservons le péché dans nos cœurs, tu ne nous écouteras pas (Psaume 66 : 18). Je veux que tu puisses entendre mes prières, et je te demande donc de me révéler quelque désobéissance que ce soit qui subsiste dans ma vie, surtout en relation avec mon mari. Montre-moi si je suis égoïste, ingrate, critique, coléreuse, amère ou rancunière envers lui. Montre-moi en quoi je ne t'ai pas obéi ou honoré. Je confesse que c'est là un péché et je t'en demande pardon.

Je te prie de donner à *(nom de votre mari)* le désir de vivre dans l'obéissance à tes lois et à tes voies. Révèle et déracine quoi que ce soit qu'il a accepté dans sa vie et qui ne vient pas de toi. Aide-le à amener sous ton contrôle toute pensée et toute action. Rappelle-lui de faire ce qui est bien, de ne dire du mal de personne, d'être pacifique, conciliant, et humble (Tite 3 : 1-2). Apprends-lui à accepter les douleurs de la croissance de la vie d'un disciple dans la discipline. Récompense-le selon sa justice et selon la pureté de ses mains (Psaume 18 : 20). Montre-lui tes voies, Seigneur, enseigne-lui tes sentiers. Conduis-le dans ta vérité, car tu es le Dieu de son salut (Psaume 25 : 4-5).

Fais de lui un homme qui te loue, car je sais que lorsque nous t'adorons, notre vision devient plus claire, nos vies sont transformées, et nous recevons la puissance de vivre dans tes voies. Aide-le à entendre tes instructions spécifiques et rends-le capable d'y obéir.

Donne-lui un cœur qui aspire à faire ta volonté, et qu'il puisse ainsi jouir de la paix qui ne vient qu'en vivant dans une obéissance totale à tes commandements.

Quelques précieuses ressources

« Mon fils, n'oublie pas mon enseignement, et que ton cœur garde mes commandements ; car ils augmenteront la durée de tes jours, les années de ta vie et ta paix. Que la loyauté et la vérité ne t'abandonnent pas ; lie-les à ton cou, écris-les sur la table de ton cœur. » Proverbes 3 : 1-3

« Quiconque me dit : "Seigneur, Seigneur !" n'entrera pas forcément dans le royaume des cieux, mais celui-là seul qui fait la volonté de mon Père qui est dans les cieux. »
Matthieu 7 : 21

« Si quelqu'un détourne l'oreille pour ne pas écouter la loi, sa prière même est un acte horrible. » Proverbes 28 : 9

« Mais voici l'ordre que je leur ai donné : "Écoutez ma voix, pour que je sois votre Dieu, et que vous soyez mon peuple ; Marchez dans toutes les voies que je vous commande, afin que vous soyez heureux". » Jérémie 7 : 23

Chapitre Vingt-Huit

Son image de lui-même

Pourquoi certains hommes très capables et talentueux voient-ils systématiquement les portes et les opportunités rester fermées devant eux, alors que d'autres qui ont les mêmes capacités, et parfois moins, semblent avoir des occasions illimitées et connaître la réussite dans tous les domaines de leur vie ? Cela ne semble même pas juste. Bien sûr, c'est souvent une question de temps. Dieu a un temps pour toutes choses et il agit en nous afin de nous préparer à ce qui nous attend. Le fait d'être conscient que Dieu travaille avec le temps apporte la paix et nous incite à nous attendre à lui.

Mais il se peut qu'il y ait une autre raison importante à ce dilemme, à savoir la perception qu'un homme a de lui-même. S'il a une piètre image de lui-même, il doutera de sa valeur et ce doute rongera tout ce qu'il fait, jusqu'à ses relations avec ses proches.

Celui qui est mal à l'aise, dans un sentiment d'insécurité, risque de finir par l'éviter, ce qui aura vite un impact sur leurs rapports avec sa famille, ses amis, ses collègues et même avec les étrangers. Il s'attend à être rejeté, ce qui ne manque pas d'arriver.

Daniel a connu une grande frustration à essayer de trouver son chemin dans la vie. Il ne savait pas qui il était ni quelle était sa place, si seulement il y en avait une pour lui. Sa préoccupation à vouloir régler toutes ces questions causa bien des frictions entre lui et Caroline, son épouse. Elle essaya bien de l'aider, mais il était réticent à ses conseils. Il percevait ses idées et ses suggestions comme une insulte soulignant son incapacité à régler lui-même ses problèmes. Sa réaction fut de rejeter ses propos, ce qui l'amena à vouloir d'autant plus s'affirmer. Plus Caroline luttait pour ne pas se sentir dévaluée, plus Daniel ripostait, jusqu'à ce que la frustration due à son insécurité le pousse à rejeter en bloc tout ce qu'elle avait à lui dire.

Cette sorte de conflit larvé aurait pu les amener au divorce, mais Caroline a appris à prier plutôt qu'à répliquer. Elle demanda au Seigneur de l'aider à comprendre ce qui était arrivé à Daniel. Elle voulait savoir pourquoi il la repoussait quand elle ne faisait qu'essayer de l'aider. Dieu lui révéla alors que l'image diminuée que Daniel avait de lui-même venait de ce qu'il avait appris de son père. Il avait lui-même vécu toute sa vie dans cette même insécurité. Mais quelle qu'ait pu être la source du comportement de Daniel, Caroline était convaincue que Dieu avait le pouvoir de le changer.

Elle se mit alors à prier, déterminée à persévérer aussi longtemps que nécessaire, jusqu'à ce que Dieu brise les liens de ce mépris de soi et qu'il façonne son mari à *son* image. Elle demanda à Dieu d'aider Daniel à trouver son identité dans le Seigneur. Elle pria aussi que Dieu la rende capable de parler à Daniel conduite par l'Esprit et non par la chair, afin que ses paroles soient acceptées pour l'encourager dans son âme plutôt que d'être perçues comme des critiques.

Il fallut quelques mois pour qu'elle voie le moindre changement, mais il finit par y avoir de réels progrès. Daniel a tout d'abord appris à faire confiance à sa femme et à la voir comme partenaire de la même équipe plutôt que faisant partie de l'équipe adverse. Ils se sont alors entendus pour ne plus se disputer et se sont engagés à travailler ensemble. Il commença à aller plus souvent à l'église, et elle put voir qu'il lisait la Bible et priait avec une foi toute nouvelle. Il s'est mis progressivement à se voir comme un fils bien-aimé de Dieu et non comme une erreur de l'évolution. Plus il prenait conscience de sa propre valeur et grandissait dans l'acceptation de sa personne, plus il était apprécié de son entourage. Comme on pouvait s'y attendre, des portes et des opportunités se sont alors enfin ouvertes devant lui, et Daniel finit par trouver l'acceptation et la réussite dont il avait toujours rêvé.

Si l'image que votre mari a de lui-même a besoin d'un « lifting », soyez patiente. Les réponses ne viennent pas d'un jour à l'autre quand un mode de pensée erroné a été entretenu si longtemps et doit être brisé. Mais vous pouvez vous approprier la puissance de Dieu pour combattre l'ennemi qui le nourrit de mensonges familiers, afin de l'en affranchir et qu'il puisse enfin entendre la vérité de Dieu. Vous verrez qu'alors que vous intercédez, Dieu fera la lumière sur les clés qui lui permettront de se libérer de son carcan. Autrement dit, au fur et à mesure que vous prierez, Dieu vous montrera *comment* prier.

Je crois fermement que la crise de la quarantaine peut être surmontée en priant de cette façon.

Tout élément toxique qui subsiste dans l'âme d'un homme après cinquante ans rejaillira tôt ou tard comme un poison. C'est comme si un barrage invisible qui le retient finissait par céder avec l'âge. Quand il se brise, le déluge peut être assez fort pour l'emporter avec lui. Si son identité est fermement établie dans le Seigneur, cela fera toute la différence dans la façon dont il traversera ses temps difficiles.

Dieu nous dit que nos premiers pas doivent être vers lui : chercher sa face, suivre ses lois, le mettre en premier et nos désirs égocentriques en dernier. Quand nous nous alignons sur sa volonté, il nous ouvre la voie et tout ce qu'il nous reste à faire, c'est de le suivre. Tandis que nous marchons les yeux fixés sur lui, la gloire de son image s'imprime peu à peu en nous. Quand notre image de nous-même est tellement éclairée par Dieu que nous nous perdons nous-même dans le processus, nous sommes alors enfin libre. Cette liberté, nous la voulons autant pour nos maris que pour nous-même.

Votre mari ne se verra jamais tel qu'il est tant qu'il ne verra pas qui est vraiment Dieu. Priez qu'il découvre sa réelle identité.

Prière

Seigneur, je te prie que *(nom de votre mari)* trouve son identité en toi. Aide-le à comprendre sa valeur selon ta façon de voir et tes critères. Qu'il puisse reconnaître les qualités uniques que tu as placées en lui et être capable de les apprécier. Rends-le capable de se voir tel que tu le vois. Qu'il comprenne alors ce que dit ta Parole : *« Qu'est-ce que l'homme, pour que tu te souviennes de lui? Et le fils de l'homme, pour que tu prennes garde à lui? Tu l'as fait de peu inférieur à Dieu, et tu l'as couronné de gloire et de splendeur. Tu lui as donné la domination sur les œuvres de tes mains, tu as tout mis sous ses pieds »* (Psaume 8 : 4-6). Fais taire les voix qui lui disent autre chose et donne-lui des oreilles pour entendre ta voix qui lui dira que ce n'est pas sa perfection qui lui apportera une vie réussie mais la tienne.

Révèle-lui qu'il est *« l'image et la gloire de Dieu »* (1 Corinthiens 11 : 7), et qu'il a *« tout pleinement en lui, qui est le chef de toute principauté et de tout pouvoir »* (Colossiens 2 : 10). Donne-lui paix et sécurité par le fait de savoir qu'il est accepté, et non pas rejeté, par toi. Libère-le de cette tendance à toujours fixer son attention sur lui-même au point que son âme devient semblable à une prison. Aide-le à te voir tel que tu es vraiment afin qu'il sache qui il est vraiment. Que sa véritable image de lui-même soit l'image de Christ empreinte sur son âme.

Quelques précieuses ressources

« Car ceux qu'il a connus d'avance, il les a aussi prédestinés à être semblables à l'image de son Fils, afin qu'il soit le premier-né d'un grand nombre de frères. » Romains 8 : 29

« Nous tous, qui le visage dévoilé, reflétons comme un miroir la gloire du Seigneur, nous sommes transformés en la même image, de gloire en gloire, comme par le Seigneur, l'Esprit. »
2 Corinthiens 3 : 18

« Ne mentez pas les uns aux autres, vous qui avez dépouillé la vieille nature avec ses pratiques et revêtu la nature nouvelle qui se renouvelle en vue d'une pleine connaissance selon l'image de celui qui l'a créée.» Colossiens 3 : 9-10

« Car si quelqu'un écoute la parole et ne la pratique pas, il est semblable à un homme qui regarde dans un miroir son visage naturel et qui, après s'être regardé, s'en va et oublie aussitôt comment il est. Mais celui qui a plongé les regards dans la loi parfaite, la loi de la liberté, et qui persévère, non pas en l'écoutant pour l'oublier, mais en la pratiquant activement, celui-là sera heureux dans son action même. » Jacques 1 : 23-25

« Lève-toi, brille, car ta lumière paraît, et la gloire de l'Éternel se lève sur toi. » Ésaïe 60 : 1

CHAPITRE VINGT-NEUF

Sa foi

Je souris toujours quand quelqu'un me dit qu'il n'a pas la foi, car je sais que ce n'est probablement pas vrai. Jusqu'à un certain point, tout le monde vit par la foi. Quand vous allez chez le médecin, vous avez besoin de foi pour croire son diagnostic. Quand le pharmacien remplit votre ordonnance, vous lui faites confiance pour vous donner les médicaments appropriés. Quand vous mangez au restaurant, vous faites confiance au personnel pour ne pas vous servir de la nourriture avariée ou empoisonnée (certains restaurants exigent un peu plus de foi que d'autres !). Chaque journée est une marche par la foi à un certain niveau. Tout le monde croit en quelque chose. *« Dieu a donné à chacun une mesure de foi »* (Romains 12 : 3).

Nous choisissons ce en quoi nous croyons. Certains choisissent de croire en eux-mêmes, d'autres dans le gouvernement, d'autres dans le mal, d'autres encore dans la science, les journaux, le travail, leur entourage et même en Dieu. La seule personne que j'ai connue et qui ne croyait absolument en rien a fini dans un hôpital psychiatrique parce qu'elle en est devenue folle. Nous ne pouvons vivre sans la foi.

Nous ne pouvons pas plus *mourir* sans la foi. Notre foi détermine ce qu'il adviendra de nous après que nous aurons quitté ce monde. Si votre foi est en Jésus, vous savez que vous êtes en sécurité pour l'éternité. *« Et si l'Esprit de celui qui a ressuscité Jésus d'entre les morts habite en vous, celui qui a ressuscité le Christ-Jésus d'entre les morts donnera aussi la vie à vos corps mortels par son Esprit qui habite en vous »* (Romains 8 : 11). Autrement dit, si le même Esprit qui a ressuscité Jésus d'entre les morts habite en vous, il vous ressuscitera aussi. Avoir des certitudes quant à ce qui nous arrivera quand nous mourrons a un grand impact sur notre façon de vivre aujourd'hui. L'assurance d'avoir la vie éternelle nous donne une perspective de la vie présente qui nous remplit de confiance.

Voici une pensée effrayante : Jésus a dit avant de guérir des aveugles : *« Qu'il vous soit fait selon votre foi ! »* (Matthieu 9 : 29). Cela ne vous pousse-t-il pas à vouloir réévaluer votre niveau de confiance en Dieu ? La bonne nouvelle est que nous avons un certain contrôle sur nos vies et que, jusqu'à un certain point, nous pouvons en déterminer l'issue. Nos vies n'ont pas à être laissées au hasard, ni à flotter au gré du vent du moment. Notre foi nous aide à déterminer notre destinée.

Nous passons tous par des temps de doute. Même Jésus s'est demandé pourquoi Dieu l'avait abandonné. Non pas qu'il ait douté de l'existence de Dieu ou de sa capacité à intervenir en sa faveur, mais il ne s'attendait pas à se sentir abandonné. Parfois, nous ne doutons pas de l'existence de Dieu, ni de sa capacité à nous aider, mais seulement de son désir d'avoir un impact immédiat dans notre vie. « Il est sûrement bien trop occupé pour régler mes problèmes », nous disons-nous. Mais il n'en est rien.

Votre mari traverse-t-il des temps de doute ? Si tel est le cas, vos prières pour lui afin que sa foi grandisse feront une grande différence dans sa vie. Même s'il ne connaît pas le Seigneur, vous pouvez prier pour que la foi naisse dans son cœur et vous attendre à voir son niveau de paix augmenter.

Il n'y a rien dans la vie de votre mari qui soit inaccessible et qui ne puisse être positivement influencé par une mesure plus grande de foi en Dieu. Jésus a dit de tout homme qui a foi en lui : *« De son cœur jailliront des sources d'eau vive »* (Jean 7 : 38).

Cela devrait suffire à nous guérir et nous laver d'une vie de douleur, d'épreuve, de crainte, de tristesse, d'apathie, de désespoir, d'échec et de doute. Et si nous priions ?

Prière

Seigneur, je te prie de donner à *(nom de votre mari)* ce jour-même une plus grande mesure de foi. Élargis sa capacité à croire en toi, ta Parole, tes promesses, tes voies et ta puissance. Mets une soif dans son cœur qui le pousse à parler avec toi et à entendre ta voix. Donne-lui une bonne compréhension de ce que signifie se tenir dans ta présence et ne pas se contenter de te demander des choses. Qu'il puisse te rechercher, s'appuyer entièrement sur toi, être conduit par toi, te mettre en premier et te reconnaître dans tout ce qu'il fait.

Seigneur, tu as dit que *« la foi vient de ce qu'on entend, et ce qu'on entend vient de la Parole de Dieu »* (Romains 10 : 17). Nourris son âme de ta Parole afin que sa foi grandisse assez pour croire qu'avec toi, tout est possible (Matthieu 19 : 26). Accorde-lui cette certitude absolue que ce que tu as promis, tu l'accomplis (Romains 4 : 21). Que sa foi soit son bouclier protecteur. Qu'il puisse la mettre en action pour déplacer les montagnes de sa vie.

Ta Parole dit : « *Le juste vivra par la foi* » (Romains 1 : 17) ; je prie qu'il vive une vie remplie de foi comme tu l'as appelé à la vivre.

Qu'il puisse affirmer avec une absolue certitude : « *Oh ! Combien est grande ta bonté, que tu tiens en réserve pour ceux qui te craignent, que tu exerces envers ceux qui se réfugient en toi !* » (Psaume 31 : 19).

Quelques précieuses ressources

« … Qu'il la demande avec foi, sans douter ; car celui qui doute est semblable au flot de la mer, que le vent agite et soulève. Qu'un tel homme ne pense pas qu'il recevra quelque chose du Seigneur : c'est un homme irrésolu, inconstant dans toutes ses voies. »
Jacques 1 : 6-8

« Tout ce qui ne résulte pas de la foi est péché. »
Romains 14 : 23

« Si vous avez de la foi comme un grain de moutarde, vous direz à cette montagne : "Transporte-toi d'ici là", et elle se transportera ; rien ne vous sera impossible. » Matthieu 17 : 20

« Je suis crucifié avec Christ, et ce n'est plus moi qui vis, c'est Christ, qui vit en moi ; ma vie présente dans la chair, je la vis dans la foi au Fils de Dieu, qui m'a aimé et qui s'est livré lui-même pour moi. » Galates 2 : 20

« Étant donc justifiés par la foi, nous avons la paix avec Dieu par notre Seigneur Jésus-Christ. » Romains 5 : 1

Chapitre Trente

Son avenir

Aucun d'entre nous ne peut vivre sans une certaine vision de son avenir. Si nous n'en avons pas, nous errons sans but. Sans vision, la vie semble futile et nous mourrons un peu chaque jour. *« Faute de vision, le peuple périt »* (Proverbes 29 : 18).

Avoir une vision ne signifie pas forcément connaître dans les détails ce qui va nous arriver plus tard. Il s'agit plutôt du sentiment d'une direction générale vers laquelle on se dirige dans l'espoir que quelque chose de bon nous attende à l'horizon. C'est savoir que vous avez un avenir et un but et qu'ils sont lumineux.

Tout le monde ne possède pas cette certitude. Quand quelqu'un ne l'a pas, vous pouvez voir sa vie comme s'étioler. Même ceux qui ont un tel but ne le poursuivent pas forcément toujours. Même l'homme le plus spirituel peut être épuisé, vidé, se sentir loin de Dieu, confus dans son identité et quant au pourquoi de sa vie, allant jusqu'à perdre sa vision de l'avenir. Il peut faire fausse route dans la vision qu'il s'est fixée et s'écroule quand survient la déception. S'il perd de vue son rêve et oublie la vérité quant à sa situation présente, il peut même finir par nourrir des pensées de destruction concernant son futur et les croire. *« Mon peuple périt faute de connaissance »* (Osée 4 : 6).

Dieu dit de ne pas écouter les voix qui disent des mensonges : *« Ils racontent les visions de leur propre cœur, et non ce qui vient de la bouche de l'Éternel »* (Jérémie 23 : 16). Toute vision de l'avenir qui est pleine d'échec et vide de tout espoir ne saurait venir de Dieu (Jérémie 29 : 11). Mais Dieu peut restaurer une vision lorsqu'elle a été perdue. Il peut donner de l'espoir et la capacité de rêver tout à nouveau. Il peut faire triompher sa vérité sur tous nos mensonges de découragement. Il peut nous donner l'assurance d'un avenir prometteur. La prière est le canal par lequel il désire l'accomplir.

Mon mari m'a dit qu'une des fois où mes prières l'ont le plus aidé, c'était lors de notre déménagement de Los Angeles à Nashville. Il nous a été très difficile de quitter tous ceux que nous aimions et de repartir à zéro. Ce fut tout un bouleversement lourd de conséquences et la transition fut pénible. Ce fut aussi un grand pas de foi. Nous ne savions pas trop comment les affaires allaient fonctionner, mais nous étions certains que ce déménagement faisait partie du plan de Dieu pour nous. Nous étions confiants que nos vies étaient en sécurité entre ses mains.

Ma prière pour Michael pendant cette période était qu'il ne perde pas la vision que Dieu lui avait donnée pour l'avenir. Quand les circonstances lui ont fait perdre temporairement sa vision spirituelle, il m'a dit plus tard combien mes prières ont contribué à la restaurer.

Nous devons nous souvenir que Dieu le Père a rédigé sa volonté. Son héritage est divisé en parts égales pour ses enfants. Nous possédons tout ce qu'il a ! Nous sommes *« héritiers de Dieu et cohéritiers avec Christ »* (Romains 8 : 17).

J'ai lu mon exemplaire de sa volonté, et j'ai découvert que nous n'avons aucune idée de la richesse de tout ce que Dieu a pour nous, parce qu'il possède infiniment plus que nous ne pouvons même imaginer. *« Mais c'est, comme il est écrit : ce que l'œil n'a pas vu, ce que l'oreille n'a pas entendu, et ce qui n'est pas monté au cœur de l'homme, tout ce que Dieu a préparé pour ceux qui l'aiment »* (1 Corinthiens 2 : 9). Il a promis que *« les hommes intègres héritent du bonheur »* (Proverbes 28 : 10). Non seulement aurons-nous tout ce dont nous avons besoin dans cette vie, mais l'essentiel nous sera donné après notre mort. Nous serons ensuite avec lui et nous ne voudrons rien d'autre.

Si les yeux de votre mari sont rivés sur les détails de la vie quotidienne au point qu'il en perde la vision de l'avenir, vos prières peuvent renouveler sa vision. Elles peuvent l'aider à voir que Dieu est son avenir et qu'il doit mener sa vie de façon à l'investir pour lui. *« Ne savez-vous pas que ceux qui courent dans le stade courent tous, mais qu'un seul reçoit le prix ? Courez de manière à l'obtenir »* (1 Corinthiens 9 : 24). Vous ne voulez pas que votre mari parle d'une vision pour en fait finir par perdre le prix. Vous voulez certainement qu'il puisse voir les choses du point de vue de Dieu.

Dieu ne veut pas que nous connaissions l'avenir, mais il veut que nous le connaissions, lui. Il veut que nous lui fassions confiance pour nous diriger vers l'avenir un pas à la fois. Si nous voulons comprendre la direction de Dieu, nous devons chercher sa direction à chacune de nos étapes. *« Ceux qui cherchent l'Éternel comprennent tout »* (Proverbes 28 : 5).

Nous devons aussi nous tenir tout près de lui si nous voulons entendre sa réponse. Le Seigneur est celui qui donne la vision ; priez que votre mari s'attende à Dieu pour lui donner la sienne. Avec Dieu, son avenir est assuré.

Prière

Seigneur, je te prie de donner à *(nom de votre mari)* une vision pour son avenir. Aide-le à comprendre que tes plans pour lui sont bons et non pas mauvais, un avenir fait d'espérance (Jérémie 29 : 11). Remplis-le de la connaissance de ta volonté en toute sagesse et intelligence spirituelle ; qu'il puisse marcher d'une manière digne de toi, t'honorant pleinement, portant du fruit en toute sorte d'œuvres bonnes et croissant dans ta connaissance (Colossiens 1 : 9-10). Qu'il puisse vivre sous la direction du Saint-Esprit et non pas dans le doute et la crainte du lendemain. Aide-le à grandir en toi et en maturité en te soumettant jour après jour ses rêves et ses désirs, sachant que *« ce qui est impossible aux hommes est possible à Dieu »* (Luc 18 : 27). Donne-lui des objectifs selon toi et montre-lui comment se conduire afin que sa vie soit investie dans son avenir.

Je prie qu'il soit actif dans ton service tous les jours de sa vie. Garde-le de perdre son sens de mission et remplis-le d'espoir pour son avenir, *« comme une ancre solide et ferme, pour notre âme »* (Hébreux 6 : 19).

Accorde-lui *« les désirs de son cœur »* (Psaume 21 : 2) et *« un héritage parmi ceux qui craignent ton nom »* (Psaume 61 : 5).

Plante-le fermement dans ta maison et rafraîchis-le et nourris-le afin qu'il continue de porter du fruit dans son vieil âge (Psaume 92 : 13,14). Et quand le temps viendra pour lui de quitter cette terre pour te rejoindre, que sa vision de l'avenir soit si claire que sa transition en sera plus facile, sans douleur et accompagnée de joie et de paix.

Jusqu'à ce jour, je prie qu'il trouve auprès de toi la vision de son avenir.

Quelques précieuses ressources

« Je connais, moi, les desseins que je forme à votre sujet, oracle de l'Éternel, desseins de paix et non de malheur, afin de vous donner un avenir fait d'espérance. » Jérémie 29 : 11

« Observe celui qui est intègre et regarde celui qui est droit ; il y a un avenir pour l'homme de paix. Mais les rebelles sont tous détruits, l'avenir des méchants est retranché. »
Psaume 37 : 37-38

« Plantés dans la maison de l'Éternel, ils fleurissent dans les parvis de notre Dieu ; ils sont encore féconds dans la vieillesse, ils sont pleins de sève et verdoyants, pour annoncer que l'Éternel est droit. Il est mon rocher, et il n'y a pas d'injustice en lui. »
Psaume 92 : 13-15

« Je demande à l'Éternel une chose, que je recherche ardemment : habiter toute ma vie dans la maison de l'Éternel, pour contempler la magnificence de l'Éternel et pour admirer son temple. » Psaume 27 : 4

« Il y a de l'espérance pour ton avenir. » Jérémie 31 : 17

Table des Matières

Dépôt légal : février 2013 N° imprimeur : 021344253

Imprimé en France par Présence Graphique - Monts.